한국인의
노인복지를 위한
가족효와 사회효의 연계

Linking Family Filial Piety with Social Filial Piety for the Wellbeing of the Elderly in Korea

Kyu Taik Sung

한국인의
노인복지를 위한
가족효와 사회효의 연계

성규탁

　　우리는 여러 세대에 걸쳐 효를 실행해 왔으며 이 문화적 자산을 보존하는 노력을 지속하고 있다. 한국인은 어려서부터 부모와 고령자를 예의 바르게 존중하도록 가정에서 사회화되고, 학교에서 교육되며, 사회적으로 고령자를 위한 돌봄시설을 운영하며 돌봄 프로그램을 실행하고, 여러 가지 경로 행사를 하고 있다. 이런 문화적 활동의 저변에는 효의 가치가 깊이 스며들어 있다.

　　조선 유학의 중심인물 퇴계 이황(退溪 李滉)이 교시한 애정, 존중, 측은지심(惻隱之心) 및 서(恕)로 실행되는 효는 보편성과 항구성이 짙은 문화적 가치이다.

　　퇴계는 이런 가치를 기틀로 향약(鄕約)을 입조하여 어려움을 당한 고령자를 인간중시적으로 돌봄으로써 고령자 복지의 역사적 범례를 이루었다.

　　이러한 가치와 범례는 현대 고령자 복지를 구상, 개발하는 데 진지하게 숙고, 참작할 필요성이 높다고 믿는다.

오늘의 효가 퇴계가 교시한 효와 질적으로 다르다고 볼 수 없다. 효의 본질은 다를 바가 없고 다만 효를 행하는 방식이 수정, 변화되고 있는 것이다.

하지만 우리는 기왕에 효를 실행하는 데 곁드는 위계적인 억압과 남녀 차별을 결연히 배제해야 한다. 아울러 우리가 준수해야 했던 엄격한 세대 간의 규범은 오늘의 사회질서를 지키는 범위 내에서 풀고 수정해 나아가야 하겠다.

새 시대에는 전통적 고령자 돌봄 관행의 어두운[暗] 면을 시정하고 새 생활 방식에 부합되는 밝은[明] 면을 조명하는 노력이 필요하다. 이런 방향으로 나가면서 효를 실행하여 가족과 사회 양편의 노부모를 포함한 고령자를 돌보는 기능을 함께 높여 나가야 하겠다. 이 두 가지 돌봄-가족적 돌봄과 사회적 돌봄-을 연계할 필요성이 날이 갈수록 커지고 있기 때문이다.

고령자를 위한 복지는 역사적으로 인간중시적으로 애정과 존중으로써 돌보는 도덕적 가치를 기틀로 시작되고 발전되어 왔다. 새 기술이 나와 생활관습이 달라져도 이런 불구의 가치는 이어져 나가야 할 것이다.

우리는 두 가지의 긴요한 과제를 수행해야 하겠다. 하나는 전통적 인간중시적인 가치를 지켜 나가는 것이고, 다른 하나는 인간중시적 돌봄을 고령자에게 제공하는 것이다.

퇴계가 경(敬)을 추구하기 위해서 제시한 가치, 즉 참되고 건전한 윤리적 인간사회를 이룩하는 데 요구되는 자율적 가족 및

공동체 의식을 고령자 돌봄을 실행하는 데 발현되도록 노력해
야 하겠다.

저자 성규탁

목차

제1장

고령자 복지

전통적으로 가족은 자체 성원을 자율적으로 돌보아 왔다. 가족원의 정서적 및 수단적 욕구를 가족 스스로가 충족해 온 것이다. 효가 이러한 가족의 자체 돌봄을 뒷받침하는 주된 힘이 되었다.

시대적 변화는 이런 전통을 가진 우리에게 벅찬 도전을 가하고 있다. 가족구조와 생활 방식의 변화, 개인적 준비 부족, 사회복지 돌봄체계와의 연계 곤란 등으로 다수 노부모를 포함한 고령자는 노후 돌봄을 바람직하게 못 받고 있다(김영란 외, 2016; 권중돈, 2016; 김미혜 외, 2015).

이런 시대적 어려움과 맞물려 사람의 수명이 연장되고, 각종 신체적 및 사회적 문제를 가진 고령자 수가 증가하고 있다. 이런 점증하는 문제를 자체의 돌봄 능력만으로는 해소하기 어려운 가족의 수가 늘고 있다.

이러한 맥락에서 이분들의 늘어나는 복합적 욕구를 가족 자체의 돌봄과 대사회가 제공하는 돌봄을 연계해서 충족할 필요성이 증대하고 있다.

다행히 가족 스스로 노부모를 돌볼 수가 없거나 돌보기가 불가능할 경우에는 지방자치단체(시, 군, 구) 지원하에 대사회에서 운영되는 각종 사회복지조직(시설)과 비영리 공익단체가 제공하는 사회적인 돌봄을 활용할 수 있게 되었다(보건복지부, 2022: 사회서비스공통업무안내). 대사회로부터 다소간의 도움을 받아 효를 할 수 있는 시대적 변화가 온 것이다.[1]

사실 오늘의 노부모를 포함한 고령자의 다수는 가족이 제공하는 가족적 돌봄과 사회가 제공하는 사회적 돌봄을 모두 필요로 한다. 즉, 가족적인 효와 사회적인 효의 두 가지 효에 대한 이중적 욕구를 가지는 것이다. 이러한 시대적 욕구를 충족하기 위해 사회적 돌봄을 제공하는 각종 사회복지조직(시설)이 증설되고 있으며 다수 공익단체도 돌봄 활동을 확장하고 있다.

이 사회적 효를 실행하는 조직(시설)과 단체는 고령자의 정신적, 신체적 및 사회적 문제를 해소하기 위한 기술, 기재, 시설 및 전문인력을 갖추어 다수 고령자를 위한 상담, 치료, 재활, 예방, 구호 등 돌봄 활동을 실행한다. 이러한 사회적 돌봄에 관해서 제6장에서 자세히 해설하겠다.

그러나 이러한 사회적 돌봄만으로는 고령자에게 충분한 지원을 하기가 어려운 실정이다. 가족이 가능한 한 자체 돌봄 기

---

1) '고령자'라 함은 나이가 들어 사회적, 심리적 및 생물학적 기능이 다소간 낮아진 분들을 말하며 '노인'과 같이 비하 또는 낮추어 보는 뜻이 들어 있지 않고 나이가 든 분들을 넓게 가리킴. 권위 있는 국제노년학 · 노년의학협회(IAGG, 2013)는 the elderly와 seniors를 가장 흔히 사용함. 이 용어에는 '고령자'와 유사하게 존중한다는 뜻이 스며들어 있음.

능을 수행해야 한다. 퇴계가 교시한 애정, 존중, 측은지심 및 서로써 자율적으로 대가 없이 의무적으로 제공하는 가족적 돌봄이 곁들여져야만 하는 것이다.

위와 같은 사회 주도의 사회적 효와 가족 중심의 가족적 효를 연계해서 종합적 고령자 돌봄서비스를 제공할 필요성이 날이 갈수록 커지고 있다.

노부모·고령자 돌봄에 대한 새로운 시각이 필요하다. 전통적 부모 돌봄의 기본적 가치 효는 변치 않으나 이 가치의 발현 방식은 달라지고 있기 때문이다. 새 시대적 변화에 순응해서 노부모·고령자 돌봄에 관한 완고한 격식과 경직된 규칙은 남녀노소의 인권과 자유를 존중하는 바탕에서 풀고 고쳐 나가야 하겠다. 즉, 효행 방식의 어두운[暗] 면을 새 시대 생활 방식에 알맞은 밝은[明] 면으로 대체, 수정하는 노력이 필요하다. 이러한 필요를 고려하여 우리는 부모를 포함한 고령자를 위한 돌봄의 새로운 방안을 가족 안과 밖에서 찾아 나가면서 신축성 있게 대처해 나가야 하겠다.

제2장

고령자 복지와 인간중시 가치

1. 고령자 복지와 문화적 가치

문화는 사회적 가치를 태동하는 기틀이다. 이 가치는 문화 속에 사는 사람들이 중요하다, 바람직하다, 올바르다고 믿는 강한 믿음을 말한다(송복, 1999; Hofstede, 2003; 전주상 외, 2018).

이런 가치, 믿음을 기틀로 사회적 선택이 이루어지며 이 선택에 따라 고령자 복지를 위한 정책이 세워지고, 이 정책을 실행할 목표가 정해지며, 이 목표를 추구할 돌봄의 방법과 절차가 설정되는 것이다(박병현, 2021; 성규탁, 2021).

그러므로 문화적 가치는 고령자를 위한 돌봄에 다대한 영향을 미치게 된다(Bradford & Burke, 2005; 이순민, 2021). 가치는 침윤성이 강하여 돌봄 활동에 쉽게 스며들어 돌봄의 방향과 기법을 선정토록 이끄는 지렛대 역할을 하게 된다(Myrdal, 1958: 260-261; Titmuss, 1976; Jansson, 2013).

사람을 존중하며 사랑하는 인간중시적 가치는 바로 이러한 역할을 하는 우세한 가치이다.

한국인은 이러한 가치를 간직하고 있다.

2. 전통적 인간중시 가치

〈한국인의 전통적 가치〉

한국문화에서는 인간을 중시하는 가치가 오랜 세월 동안 이어져 왔다. 우리는 서양문화에 못지않게 사람을 중시하는 전통을 간직하고 있다. 홍익인간 사상에서 발원하여 불교와 유교를 거쳐 동학과 기독교에 이르는 인간중시 사상의 줄기찬 흐름으로 문화적 맥락이 이루어지고 있다.

우리의 사람 존중 사상은 홍익인간(弘益人間) 이념에서 발원한다. 이 이념은 보편적으로 사람을 사랑하고 존중하며 모든 인간의 이익과 번영을 공평하게 추구하는 것이 그 근본정신이다(백낙준, 1963; 손인수, 1992; 최문형, 2004).

불교가 고창하는 자비(慈悲)는 순수한 인간애, 즉 사람 사랑이다. 내 가족과 국가를 초월한 모든 것에 미치는 사랑이다. 불교의 비(悲)는 생명에 대한 무조건적인 존중을 나타낸다(최문형, 2004: 347; 이중표, 2010).

불교와 나란히 조선인의 사고와 생활에 지대한 영향을 끼친 유교적 사상은 인(仁)에 기틀을 두고 있다. 인의 뜻은 다음 절에서 논하는 퇴계[李滉]의 가르침에 담겨 있다.

동학의 인간관은 인내천(人乃天)에서 드러난다. 인내천에서 인간존엄성을 높이 받드는 사상을 찾을 수 있다(유영익, 1992). '인간이 곧 천이다', 즉 사람 섬기기를 하늘을 받드는 것같이 하라는 말은 인간적 가치를 높이는 것을 최고의 규범으로 삼고 있다(최문형, 2004).

기독교에서 아가페(Agape)는 가장 고귀한 사랑으로서 하나님의 사랑이다. 보편적이고 무조건적인 사랑이며 모든 인간을 위해 나를 바치는 능동적 사랑이다(박문수, 2013). 이 사랑으로 공동체에서 도덕적 형평성과 상호성을 발현하며 자비로운 구원을 넓고 깊게 실행해야 함을 교시한다(김시우, 2008).

위에 서술한 홍익인간 이념에서 기독교 교의에 이르는 한국인의 사람을 존중하고 사랑하는 인간중시적 사상의 줄기찬 흐름이 이어진다. 한국인 특유의 사람을 존중하고 사랑하는 문화적 맥락이 이루어지고 있는 것이다(류승국, 1995: 136-137; 최문형, 2004: 27).

〈한국인의 정(情)〉

한국인은 위와 같은 문화적 맥락에서 인간관계를 유지하는 데 정(情)을 발현하는 특성을 간직한다. 이 정은 사람들과의 유대감을 조성하며, 강한 친밀감을 느끼게 하고, 따스하고, 계산하지 아니하고, 보답을 요구하지 아니하며 서로 간에 동시에 발생하는 호의적 심리이다(임태섭, 1994: 18-24). 정을 주는 사이에서는 상대방이 직면하는 문제에 대해 염려하며 돌보아 주려는 경향이 짙다(이수원, 1984: 104). 그래서 정은 돌봄(보살핌, care)을 내포하고 있다. 더욱이 상대방에 대한 존중과 애정 그리고 측은지심을 두루 담고 있어 인간관계를 이루고 지속하는 데 필수적인 요소가 된다(윤태림, 1970). 정은 우리 민족 나름의 인간중시적 정서이다.

위와 같은 전통 사상적 맥락에서 고령자 복지를 위한 인간중시 문화의 바탕을 공고히 하고 고령자의 존엄성에 대한 현대적 자각을 깨우치며 돌봄을 실행하는 것이 마땅하다고 본다.

〈인(仁)의 실현: 퇴계의 가르침〉

조선(朝鮮)의 사회적 맥락에서 인간중시적 가치를 정립하여 가족 및 사회생활에 지대한 영향을 미친 인물로서 거유(巨儒) 퇴계 이황(退溪 李滉)을 들 수 있다(박종홍, 1965; 채무송, 1985; 정순목, 1990; 김형효 외, 1997; 금장태, 2012).

퇴계의 학문의 목표는 인(仁)을 깊이 탐구하는 데 있다. 퇴계는 인은 사람이 실현해야 할 가장 중요한 가치이며, 모든 착한 행동의 으뜸이고, 가정생활을 올바르게 이끄는 기본 도리라고 했다(이황, 『퇴계집』, 무진육조소; 금장태, 2001: 13장).

인(仁)은 사람을 사랑하며 존중하는 데서 극치를 이루며 어질고 너그러운 성질이 충만한 가치이다. 이러한 가치는 가족원과 사회의 성원이 서로 사랑하고 존중하며 돌보는 힘이 되어 왔다.

퇴계의 인(仁)에 대한 다음 정의는 이러한 가치를 해명한다.

"인은 따뜻하게 남을 사랑하고 모든 것을 이롭게 하는 마음이며, 사심 없이 이타적인 측은한 마음이다"(이황, 『성학십도』, 인설).

효는 이러한 인을 발현하는 원초적 행위이며 최선의 방법이다(이황, 『성학십도』, 서명; 박종홍, 1965; 손인수 외, 1977).

퇴계는 사람을 돌보는 데 필요한 요건으로서 위와 같은 인(仁)을 발현하는 사람 사랑[人間愛]과 사람 존중[人間尊重]의 고귀한 가치를 교시하였다. 이 가치는 보편성이 뛰어나고 항구성이 짙어 사회적 변화에 따라 쉽게 변하지 않는다. 오늘날 우리 문화에 깊이 스며들어 사람 돌봄, 특히 고령자를 위한 돌봄에 발현되어야 할 고귀한 가치로서 상존하고 있다(박종홍, 1965; 정순목, 1990; 김형효 외, 1997; 금장태, 2001; 도성달, 2012).

이런 보편화된 인간중시적 가치를 바탕으로 고령자를 위한 복지의 제도와 정책이 수립되고, 이 정책을 실행할 돌봄 사업을 실행하는 것이 마땅하다고 본다.

이 책에서는 퇴계가 제시한 이러한 가치가 현대 고령자 복지를 연구하고 실행하는 데 진지하게 참작, 적용할 수 있는 가치적 기틀이 된다고 보고, 효에 관한 논의에서 거듭 조명, 인용해 나가고자 한다.

〈인간 존중 가치의 고양〉

퇴계는 하늘과 땅의 기를 받아 태어난 것 중에서 사람이 가장 귀하다고 했으며 더욱이 사람은 마땅히 존중되어야 함을 가르쳐 주었다(이황, 『퇴계집』, 경연강의 24; 김낙진, 2004).

사람을 존중한다고 함은 그를 멸시하거나, 푸대접하거나, 억압하거나, 배제하거나, 자유를 뺏거나, 생명을 해치면 아니 된다는 엄중한 뜻을 담고 있다.

퇴계는 먼저 가족 중심으로 부모를 돌봄으로써 효(孝)를 행하고 이어 형제자매와 우애롭게 사귐으로써 제(悌)를 이루며, 아울러 가족 바깥 대사회의 뭇사람을 돌보는 공(公)을 실행하되, 이 모든 돌봄을 애정, 존중, 측은지심(惻隱之心) 및 서(恕)를 발현함으로써 공평하게 실행할 것을 역설하였다(『퇴계집』, 차자, 仁說 『성학십도』, 인설). 이 네 가지의 가치를 실현함으로써 인을 발현하게 됨을 가르쳐 주었다.

이 경우 공평함은 "자신과 가까운 사람이나 먼 사람이나, 은혜를 입은 사람이나 아니 입은 사람이나, 사회적 계층이 높은 사람이나 낮은 사람이나, 모든 사람이 서로 사랑하고 존중함으로써 실현되는 것이다"(도성달, 2012: 123).

위에 거론한 '측은지심'은 어려움에 부닥친 사람을 진심으로 우러나는 따뜻한 동정심으로 돌보려는 마음이며 이 마음이 두루 퍼지도록 함으로써 인과 일치할 수 있다고 했고, 아울러 '서'도 인을 베푸는 가치로서 자기가 서고자 하면 남을 세워 주고, 자기가 도달하고자 하면 남을 도달하게 하는 공평성을 갖춘 가치라고 했다(이황, 『퇴계집』, 서명고증강의, 인설; 이황, 『성학십도』, 인설).

퇴계는 사람은 '나'만을 위한 개인적 이득을 추구하는 데 얽매이지 않아야 하고, 부모·자녀가 서로 사랑하듯 다른 사람도 사랑하며 나누어 가지는 것이 올바른 도리임을 가르쳤다(『성학십도』, 서명).

퇴계의 다음 말은 가족원들 사이의 사적(私的) 돌봄이 넓은 사회의 뭇사람에게 미치는 공적(公的) 돌봄이 되어야 함을 호소한 것이다(『성학십도』, 서명).

> "백성은 나의 동포요, 사물은 나와 함께 사는 무리이다. 나이 많은 이를 높이는 것은 천지의 어른을 어른으로 대접하는 것이다."

> "외롭고 약한 이를 불쌍히 여기는 것은 천지의 어린이를 어린이로 대하는 것이다."

> "천하의 파리하고 병든 사람, 고아와 자식 없는 노인, 홀아비와 과부는 모두 내 형제 가운데 어려움을 당하여 호소할 데 없는 자들이다."

사회적 약자는 모두 나의 형제이며 이들을 인간중시적으로 돌보아야 함을 호소한 말이다. 이런 호소는 돌봄을 넓고 공평하게 뭇사람에게 베푸는 공(公)의 이타적(利他的) 가치를 나타낸다.

퇴계의 공은 '널리 베풀어 만물을 돌보아 구제함'이다(『퇴계집』, 경연강의, 서명고증강의; 『성학십도』, 인설). 이런 공을 위

한 돌봄은 사회적 계층을 초월한 보편성을 갖추었으며 공동체의 이익을 추구하는 사상을 반영한다.[2]

퇴계가 추구한 경(敬)은 서로 사랑하고[愛] 존중하는[敬] 참되고 건전한 윤리적 공동체-공(公)-를 지향하는 정신이다. 이 애경(愛敬) 사상에서 가장 실천적 의미가 있는 것이 경로(敬老) 사상이다. 퇴계가 어려움을 당한 고령자를 향약(鄕約)을 통하여 해소한 사실은 곧 인(仁) 사상을 고령자 돌봄을 위해 발현한 것이다(손인수 외, 1977). 즉, 鰥(환) 寡(과) 孤(고) 獨(독) - 鰥(환): 나이 많아서 아내를 여의고 혼자 사는 남자 노인; 과(寡): 나이 많아서 남편을 여의고 혼자 사는 여자 노인; 고(孤): 자녀가 없이 홀로 사는 노인; 독(獨): 의지할 곳 없이 홀로 사는 노인 - 모두를 존중하며 애정으로 공평하게 돌본 것이다(『퇴계집』, 경연강의 9; 나병균, 1985).

퇴계는 오늘날 우리가 참고해야 할 이와 같은 인간중시적 고령자 돌봄의 역사적 범례를 남겨 주었다.

〈고령자 돌봄에 스며드는 인간중시적 가치〉

위와 같은 인간중시적 가치는 한국인의 고령자 돌봄 활동에 스며들어 돌봄 방법 및 절차에 영향을 끼치고 있다고 믿는다. 가치는 스며드는 성질, 즉 침윤성(浸潤性)이 강하기 때문이다(Titmuss, 1976; Jansson, 2013).

우리가 이어받은 고령자를 중시하는 문화적 가치는 이미 우

---

2) 공(公)에 대해서는 제6장에서 해설함.

리의 믿음과 행동에 스며들어 있어 고령자 복지의 이념적 기틀을 이루어 이의 실행에 영향을 끼치고 있음을 가히 감지할 수 있다.

저명한 사회복지정책 연구자들은 복지국가가 안정되게 발전하기 위해서는 대다수 사람이 보편적으로 받드는 가치에 사회복지의 기틀을 두어야 한다고 단언한다(Kahn, 1979; Jansson, 2013; Singh, 2020).

이러한 기틀이 되는 위와 같은 우리의 인간중시적 가치는 고령자 복지를 이룩하는 데 마땅히 발현되어야만 한다.

3. 부모 존중: 효의 중심

〈존엄성 고양〉

고령자 돌봄의 목적은 생활이 어려운 노부모를 포함한 고령자에게 개인적으로 만족스럽고 사회적으로 바람직한 방도로 생활할 수 있도록 인간중시적 돌봄을 제공하는 것이다. 이러한 목적을 실현하는 데는 무엇보다도 돌봄의 대상인 고령자를 존중해야 한다.

퇴계는 나이 많은 이를 높이는 것은 천지의 어른을 어른으로 대접하는 것이라고 하여 그분의 고령자 존중 사상을 밝혔다(『성학십도』, 서명). 현대 한국인에 대한 조사에서도 부모 존중이 가장 중요한 효행으로 드러났다(성규탁, 2016).[3]

존엄성은 존중함으로써 이루어진다.

돌봄을 제공하는 데 지켜야 하는 기본 원칙은 사람이 태어나서부터 간직하는 존엄성을 높여 주는 것이다. 고령자는 고귀한 사람이므로 이런 도덕적 원칙에 따라 인간중시적으로 돌보아져야만 한다.

다음 경전에 실려 있는 말은 인간은 존귀하므로 존엄성을 마땅히 받들어야 함을 강조하고 있다.

> "천지의 기(氣)를 받아 생겨나는 것 중에서 인간만큼 귀한 존재는 없다. 이 귀한 인간을 위한 행위 중에서도 존중하는 것이 제일 중요하다"(『효경』, 성치장).

사람의 존엄성을 받든다고 함은 그를 고귀한 사람으로 대하고, 그의 의견과 소망을 중요시하고, 그의 자기 존중감을 높여 주며, 그가 어려울 때 도와주는 것이다. 그를 멸시하거나, 값이 없고 귀찮은 존재로 보거나, 그를 배제하거나, 그가 어려울 때 방치 상태에 놓아 두는 경우 존엄성은 훼손되는 것이다.

윤리학자들은 사람의 매우 중요하며 간절한 욕구는 존중되는 것이라고 한다. 즉 존엄함이 인증되며 받들어지는 것이다 (Downie & Telfer, 1969; Dillon, 1992).

---

3) 사회조사에서 나온 효행 유형의 중요성 지적 빈도(백분율 기초)를 보면, 부모를 존중함(88%)이 가장 많이 지적되었고, 이어 부모에 대한 책임 수행(83%), 부모 은혜 보답(72%) 등이 뒤따랐음(성규탁, 2016: 35).

4. 존중: 돌봄을 내포

게다가 존중은 '돌봄'을 내포하고 있어 그 중요성이 더해진다. 윤리학자들은 돌봄은 존중의 일부이며(part of respect) 존중은 돌봄을 내포한다고 규정한다(Downie & Telfer, 1969; Ghusn et al., 1996).

존중함으로써 돌봄 제공자(이하 제공자)는 돌봄을 받는 고령자에 대해 긍정적 태도를 간직하면서 그분을 소중한 사람으로 대할 수 있다. 제공자로부터 존중받는 고령자는 자기 존중감을 높이고, 자신을 쓸모 있는 사람으로 여기며, 그의 문제를 제공자에게 솔직히 토로하고, 돌봄 과정에서 제공자와 협조적 관계를 이루게 된다(Damon-Rodriguez, 1998; Sung & Dunkle, 2009).

따라서 존중은 고령자를 인간중시적으로 대할 뿐 아니라 돌봄 과정에서 그분과 제공자 간의 생산적인 관계를 조성하는 긍정적 결과를 이룩할 수 있다. 존중되는 고령자는 돌봄을 받는 과정에서 제공자와 협조하여 바람직한 돌봄 결과를 이룩하게 되기 때문이다(Gibbard, 1990; Sung & Dunkle, 2009).

돌봄을 옳게 하기 위해서는 제공자의 지식과 기술만을 가지고는 부족하며, 그의 마음속에서 우러나는 사람을 존중하는 정(情)이 발현되어야 한다(최상진, 김기범, 2011; Sung & Dunkle, 2009; Rogers, 1961). 다시 말해서 고령자를 돌보는 데 지켜야 할 기본 원칙은 그분의 존엄성을 받드는 것으로서 이 원칙은 제공자가 실행해야 할 윤리적 원칙이기도 하다(이순민,

2021; 한국사회복지사협회 윤리강령, 2008; NASW Codes of Ethic, 2010).

〈고령자와 돌봄 제공자 간 상호 관계〉

다행히 돌봄 과정에서 인간중시적 가치를 발현하는 것은 사람을 돌보는 사회복지 전문직의 도덕적인 규범으로 제정되어 있다.

사회정책연구의 선구자 R. Titmuss(1976)는 다음과 같이 정의하였다.

"사회복지는 사회적 가치와 인간관계에 관한 것이다."

이 말은 사회복지는 사회에 보편화되어 있는 가치를 바탕으로 돌보아지는 돌봄 수령자와 돌봄 제공자 간의 인간적인 상호 관계를 이루어 실행되어야 함을 지적한다고 해석할 수 있다.

사회복지 전문직이 고령자를 존중하고 돌보면서 가족과 사회의 문제를 예방, 치유해서 생의 질을 향상하는 과업은 바로 이런 가치를 실현함으로써 이루어질 수 있다. 사실 고령자를 돌보는 방법을 선택하는 데 이런 가치가 지렛대 역할을 하게 된다(Mehr & Kanwischer, 2004; 양옥경, 2017; 이순민, 2021).

고귀한 사람인 고령자를 돌보는 데 사용되는 돌봄 방법은 신발이나 책상을 만드는 데 사용되는 기술과 같을 수 없다. 따라서 돌봄 제공자는 적어도 다음 두 가지의 상호 연관된 과제를 신중히 다루어야만 한다(Hasenfeld, 1985: 성규탁 역, 1997).

첫째, 돌봄 방법에 인간중시적으로 존엄성을 받드는 도덕적 가치(道德的 價値)가 반영되어야 한다.

둘째, 제공자와 고객 간의 도덕적인 인간관계(人間關係)가 이루어져야 한다.

돌봄서비스를 평가하는 데 고령자와 돌봄 제공자 간의 인간관계, 즉 대면적 상호 관계가 매우 중요한 변수로 떠오른다.

이 사실을 인식하여 제공자는 고령자의 존엄성을 받들면서 인간중시적 상호 관계를 이루면서 돌봄을 실행함이 마땅하다.

5. 인간중시 윤리

위와 같이 인간중시적 돌봄을 제공하는 데 고령자와 제공자 간 상호 관계가 중요한 요인으로 떠오른다. 제공자가 고령자에게 인간중시적 가치를 발현하느냐 않느냐의 선택 문제가 제기되는 것이다. 이러한 선택을 하는 데는 마땅히 윤리가 개입되어야 한다.

개인적 자유와 평등사상으로부터 윤리문제를 끌어낸 서양 나라와 달리, 한국을 포함한 유교문화권 나라의 윤리는 가족적 관점에서 그리고 인간 대 인간의 인간관계적 차원에서 근거를 찾는다(윤성범, 1975; 손인수 외, 1977; 김낙진, 2004: 62-63).

위와 같은 논의를 참조하여 제공자가 인간화된 돌봄을 고령자에게 제공하는 데 지켜야 할 윤리적 원칙으로 다음을 들 수 있다.

* 존중한다(존엄성을 받든다).
* 정(情)으로 대한다.
* 측은지심으로 돌본다.
* 성별, 사회적 계층 및 종교적 차이에 상관없이 공평성이 깃든 서(恕)로써 돌본다.

이러한 기본적 원칙에 이어 고령자에 대한 다음 사항을 지켜야 할 것이다.

* 자기 결정을 존중한다.
* 사비밀을 지켜 준다.
* 개입 방법 및 절차를 알려 준다.
* 긍정적 변화를 이룩하도록 이끈다.

위와 같은 원칙에 따라 돌봄을 제공함은 다음과 같은 퇴계의 이일분수(理一分殊)의 원리를 실현하는 것이라고 볼 수 있다 (『성학십도』, 서명; 도성달, 2012: 123).

즉, 자신과 가까운 사람이나 먼 사람이나, 친밀한 사람이나 모르는 사람이나, 은혜를 입은 사람이나 아닌 사람이나 모든 사람을 공평하게 대우하는 원리이다.

퇴계의 위 원리는 배경이 다른 여러 고령자를 돌보는 데 지켜야 하는 윤리적 근본을 가르쳐 준다.

퇴계의 다음 말은 이러한 원리를 뒷받침한다.

> "돌봄이 필요한 사회적 약자인 개인, 집단, 공동체의 어른과 어린이는 모두 나의 형제이며, 이들을 마치 나의 친족과 같이 사랑으로 돌보아야 한다"(이황, 『성학십도』, 서명).

고령자에게 제공되는 돌봄은 마땅히 우리가 숭앙하는 위와 같은 가치를 발현하면서 전달되어야 한다. 이러한 가치의 발현은 앞서 조명한 홍익인간 이념에서 발원한 전통적 인간중시적인 문화적 맥락에다 한국인의 정이 깃들어져 이루어진다고 본다.

이러한 과제를 염두에 두고 퇴계의 효를 중심으로 하는 사람 돌봄에 관한 가르침을 재조명, 재해석하여 한국적 고령자 복지의 방향을 찾고 실천에 적용할 가능성을 탐사, 밝혀 나가는 것이 마땅하다.

6. 고령자 돌봄의 인간화

고령자를 돌보는 제공자와 조직(시설) 및 단체는 한국의 인간중시적인 문화적 맥락에서 돌봄을 실행한다.

퇴계가 교시한 위와 같은 유교적 사상은 오랜 세월에 걸쳐 한국인의 생각과 행동에 다대한 영향을 끼쳐 왔다. 이 사상의 중심인 인(仁)은, 전술한 바와 같이, 인간애·인간 존중을 담고 있는 인간중시적 가치로서 한국인의 사고방식과 행동 양식을 조성(造成)해 왔다.

앞서 제시한 퇴계의 다음 정의를 보면 이러한 인의 뜻을 이해할 수 있다. 즉, 인은 따뜻하게 남을 사랑하고 모든 것을 이롭게 하는 측은한 마음이다.

다른 사람을 사랑하기를 나를 바쳐 한다는 것이다. 즉, 애정과 존중의 발현으로서 '널리 베풀어 만물을 구제함'을 뜻한다(이황,『퇴계집』, 차자, 인설). 사회 계층을 초월한 보편성을 갖추었으며 온정주의적으로 공동선(共同善)을 추구하는 사상이다.

이러한 사상이 보편화된 인간중시적 문화에서는 측은지심(惻隱之心)과 서(恕)로써 가족을 비롯한 뭇사람이 서로에게 애정을 가지고 서로 존중하며 돌보는 인간관계를 중시하는 성향이 짙다. '나'의 이기심을 이기고 '남'과 함께 어울리면서, 사사로운 나[私]를 깨뜨리고 뭇사람[公]을 포용하는 윤리적 원칙을 따르는 성향이다(『퇴계집』, 차자, 인설; 금장태, 2001: 192).

사람이 마땅히 지켜야 하는 5가지 윤리인 오륜(五倫)은 부자 관계, 노소 관계, 부부 관계, 친구 관계, 지배자·피지배자 관계에서 위와 같은 인의 발현인 인간 존중과 인간애를 강조한다. 특히 부모 자녀 관계에서 인(仁)-존중·애정-을 측은지심과 서로써 발현하는 효는 한국인의 인간중시적 관계를 조정하는 윤리적 및 도덕적 가치로서 오랜 세월 동안 영향을 미쳐 왔다. 이러한 인간중시적인 문화적 특성을 감안하여 돌봄 제공자는 고령자와의 돌봄 관계에서 이 특성을 슬기롭게 발현하는 것이 마땅하다.

〈'우리' 속의 인간중시적 관계〉

한국인의 이런 관계를 더욱 인간적으로 이끄는 가치가 앞 장에서 거론한 정(情)이다. 정은 우리를 이룩하는 접착제 역할을 한다. 정은 장기간에 걸친 접촉을 통해서 가랑비에 옷이 젖는 것처럼 자신도 모르게 서서히 쌓이는 것이며 일단 든 정은 떨어지기 힘들다.

한국인의 정의 발달은 부모의 자녀 양육 방식과 가족관계의 특성에서 그 배경을 찾아볼 수 있다. 한국 가족은 정으로 뭉쳐진 집단이다. 부모는 자녀에게 무한한 정을 주며 자기 자신과 동일시하며 자식을 위해서 살고 자식을 위해서 희생한다. 가족 사이에 끊임없는 동질성, 하나 됨, 상호 의존, 상호 보호를 실현하는 이상적 관계가 이루어진다(최상진, 김기범, 2011: 56).

이러한 정을 바탕으로 한 관계에서는 서양의 개인주의에 적합한 행동 중심적, 객관적, 합리적 마음이 억제된다. 오히려 정 중심적이고 상대를 배려하는 마음, 측은지심과 서가 주도하는 인간적 상호 관계가 작용한다(『퇴계집』, 무진육조소 6).

한국인의 고령자 돌봄은 위와 같은 인을 기틀로 하는 문화적 맥락에서 정으로 뭉쳐진 우리 속에서 이루어지는 인간중시적 특성을 갖는다.

퇴계는 공(公)을 이루는 뭇사람의 관계를 돌봄을 서로 주고 받는 호혜적(互惠的) 관계로 해석하였다. 그는 뭇사람이 가슴 속으로부터 일체감을 느끼며 살 수 있는 사회를 꿈꾸며, 그것은 타인에 대한 사랑과 존중하는 마음에서 가능성을 찾아야 한다고 했다. 한 국가의 성원들이 한 가족처럼 서로 헌신하고, 서로 베풀고 호혜적으로 살아가는 것이 그분의 이상사회(理想社會)였다(『퇴계집』, 무진육조소).

제3장

효의 실현을 위한 4대 요건:
애정, 존중, 측은지심, 서

효는 가장 덕스러운 가치 인(仁)을 발현함으로써 이룰 수 있다. 인은 퇴계가 교시한 애정(愛情), 존중(尊重), 측은지심(惻隱之心) 및 서(恕)의 가치를 실현함으로써 이룩할 수 있다. 이 4대 가치는 모두가 효행의 기본 요건으로서 고령자를 위한 마땅한 돌봄을 실행하는 데 불가결하다.

〈애정(愛情)과 존중(尊重)으로 돌봄〉

퇴계는 사람들이 서로 사랑[愛]하고 존중[敬]하는 윤리적인 공동체[公]를 추구하였다. 이러한 애(愛)와 경(敬)을 실현하는 데 가장 실천적 의미가 있는 것이 효친(孝親)이고 경로(敬老)이다. 부모와 고령자에게 인간중시적 돌봄을 실행하는 데 발현되어야 할 필요 불가결한 요건이다.

퇴계가 향촌 공동체에서 고령자의 어려움을 향약(鄕約)을 통해서 해소한 사실은 곧 이러한 요건을 실행한 것이다. 즉, (앞서 논한) 鰥(환) 寡(과) 孤(고) 獨(독) - 鰥(환): 나이 많아서 아내를 여의고 혼자 사는 남자 노인; 과(寡): 나이 많아서 남편을 여의고 혼자 사는 여자 노인; 고(孤): 자녀가 없이 홀로 사는 노인; 독(獨): 의지할 곳 없이 홀로 사는 고령자 - 모두를 존중과 애정으로 돌보았다(『퇴계집』, 서명고증강의). 인(仁)의 가치를 발현한 것이다.

〈측은지심(惻隱之心)과 돌봄〉

퇴계는 나의 가슴속에 가득 찬 남을 위한 측은한 마음이 관철, 유통되어 막힘없이 두루 퍼지도록 함으로써 인(仁)과 일치할 수 있다고 했다. 이렇게 인을 발현하는 측은지심은 어려움에 부닥친 고령자를 대가를 바라지 않고 진심으로 우러나는 따뜻한 동정심으로 돌보려는 마음이다.

〈서(恕)와 돌봄〉

퇴계는 서(恕)도 인(仁)을 발현하는 가치로서 다른 사람을 자신처럼 사랑하며 존중하는 방법이라고 했다. 서는 "어진 자는 자기가 서고자 하면 남을 세워 주고, 자기가 도달하고자 하면 남을 도달하게 함이다." 고령자를 공평성과 호혜성을 갖추어 돌보는 데 불가결한 요건이다.

위의 4대 요건-존중, 애정, 측은지심 및 서-은 노부모와 고령자를 인간중시적으로 돌보는 데 발현되어야만 하는 윤리 도덕적 원칙이며 이 원칙이 효를 실행하는 데 긴요하다는 사실을 이 책에서 되풀이 거론한다.

제4장

새 시대의 효

1. 새 세대의 요망

앞 장에서 제시한 효의 실행 요건-존중, 애정, 측은지심 및 서-을 발현함으로써 가족과 사회가 함께 노부모를 포함한 고령자에 대한 인간중시적 돌봄을 실행하는 것이 마땅하다고 본다.

대체로 가족이 행하는 효는 위와 같은 인간중시적 돌봄을 면 대 면으로 제공하는 데 강하고, 사회가 행하는 효는 전문적인 기술적 돌봄을 제공하는 데 강하다. 새 시대에 두 가지 효의 이러한 장점을 연계해서 공동 목표인 효를 포괄적으로 실천해 나가야 할 필요성이 크게 늘고 있다.

주목할 사실은 노부모·고령자 돌봄을 가족과 사회가 공동으로 수행해야 한다는 소견을 가진 성인 자녀 수가 늘고 있으며 이런 공동적 돌봄 방법에 대한 사회적 기대가 높아지고 있는 것이다(통계청사회조사, 2017; 권중돈, 2021; 조흥식 외, 2021).

2. 가족적 효와 사회적 효

요약해서 가족 중심으로 친밀한 유대 관계를 가진 가족원들이 가족 세팅에서 자율적으로 실행하는 효가 가족적 효이고, 대사회의 각종 사회복지조직(시설)과 공익단체에서 전문 돌봄 제공자가 법과 규정에 따라 타율적으로 실행하는 효가 사회적 효이다.

가족이 행하는 가족적인 효(孝)와 사회가 행하는 사회적인 경로효친(敬老孝親)은 그 뜻이 다 같다. 즉, 효는 존경과 돌봄을 뜻하고, 경로효친도 역시 노인을 존중[敬]하고 부모를 돌보는 효(孝)를 행하는 것이다. 양편이 다 같이 노부모·고령자에 대한 존중과 돌봄을 행한다. 다만 효를 실행하는 세팅이 다르고 실행 방법에 차이가 있을 따름이다.

이러한 실상을 고려하여 가족적인 효를 '가족효'(家族孝)라고 부르고 사회적인 효를 '사회효'(社會孝)라고 부르고자 한다.

* 가족적 효 → 가족효
* 사회적 효 → 사회효

이런 효의 구분에 관하여 일본(日本)에서는 효를 개인효와 사회효로 양분하는 제의가 있다(Maeda, 2004). 가족적 효를 개인적 효로 본 것이다. 하지만 모든 문화에서 개인은 가족의 일원이고, 부모와 자녀가 가족을 중심으로 상호 관계를 이루는 가운데 효가 실행되는 실정이다. 따라서 개인적 효보다는 가족적 효(가족효)로 호칭하는 것이 마땅하다고 본다. 한편, 타이완, 싱가포르 및 중국에서는 효가 가족 세팅에서 이루어지는 동시에 사회적 세팅에서도 이루어지는데, 이 실상을 배려하여 가족적 효와 사회적 효의 두 가지를 병립, 적용하고 있다(조지현 외, 2012; Yeh, et al., 2013).

이 두 가지 효의 일반적 속성을 다음에 간략하게 논하고, 제5장과 제6장에서 심층적으로 논의하고자 한다.

1) 가족효의 개요

전통적으로 실행해 온 가족효는 가족원을 비롯한 친척과 가까운 친구가 부모에게 효를 행하는 것이다. 서로 의존하면서 서로 돌보는 친한 유대 관계를 가지는 가족 중심 소집단이 자율적으로 행하는 효이다. 이들이 앞서 제시한 효행의 4대 요건(애정, 존중, 측은지심 및 서)과 정(情)으로써 대가를 바라지 않고 제공하는 정서적 및 수단적 돌봄은 노부모의 일상적 삶을 유지하는 데 불가결하다. 이들은 또한 예측할 수 없는 우발적 문제가 일어날 때 직시 대응해서 노부모를 돌본다.

위와 같이 일상적 삶에 필요한 돌봄을 면 대 면의 개별적 접촉으로 제공한다. 이런 돌봄은 사회효보다도 가족효가 더 잘할 수 있다.

하지만 가족효의 제한점은 전문적 인력과 장비 및 시설을 갖추어 기술 중심적으로 돌보는 데 역부족이다. 이러한 제한점이 있지만, 가족효는 사회효를 하는 데 절실히 필요하다. 즉, 사회효를 행하는 사회복지조직(시설)과 공익단체는 가족의 참여가 없이는 운영할 수 없다.

위와 같은 사실을 고려하여 가족효는 다음과 같은 돌봄을 행하는 특성을 간직한다고 볼 수 있다.

* 인간중시적 돌봄
* 자율적인 돌봄
* 개별화된 돌봄
* 우발적 문제에 대한 돌봄

그런데 노부모·고령자는 사회적 효 활동이 증대하였음에도 불구하고 여전히 가족효를 선호한다(이승호, 신유미, 2018). 가족이 친함과 정으로써 고독과 소외를 해소하며 돌보아 주는 안식처 기능을 하기 때문인 것으로도 본다. 고령자의 다수(90%)는 어려울 때 제일 먼저 찾는 곳이 가족이며(성규탁, 2016), 다만 소수만이 돌봄시설에 입소하겠다는 의사를 가지고 있다(권중돈, 2019). 최근 조사에 따르면, 한국 고령자의 3분의 2가 내가 사는 나의 집에서 생을 유지해 나가겠다는 의사표시를 하였다(『한겨레신문』, 2022. 8. 20.).

가족효는 우리 겨레가 오랜 세월에 걸쳐 실행해 온 문화적 관행이다(송복, 1999; 신용하, 2004). 가족 중심 집단의 이러한 효는 오늘날 나라의 사회복지체계의 없어서는 아니 될 귀중한 자산이 되고 있다(조흥식 외, 2021). 가족효는 노부모·고령자를 위한 기초적 돌봄을 제공하면서 사회복지를 보완, 증진할 수 있기 때문이다.

현대 국가는 이렇게 이바지하는 가족에 대한 기대가 커서 나라와 사회의 고령자 돌봄에 대한 책임을 과도하게 가족에게 떠맡기는 경향이 있다.

〈가족효의 중심: 부모 자녀 관계〉

가족효의 기틀은 어느 시대, 어느 사회에서나 변할 수 없는 부모 자녀 간의 친(親)한 관계이다. 이런 관계 속에서 세대 간 호혜적(互惠的) 관계가 이루어진다. 자녀와 부모가 서로가 필요로 하는 돌봄을 서로에게 해 주는 것이다.

이러한 관계로 이루어지는 가족효에는 한국인 특유의 정(情)이 스며들어 있다. 앞서 논한 바와 같이 정은 친밀감을 가지게 하고, 따스하고, 계산하지 아니하고, 보답을 요구하지 아니하는 호의적 심리이다(임태섭, 1994). 정을 주는 사이에서는 상대방이 겪는 어려움을 걱정하면서 돌보아 주려는 성향이 짙다(이수원, 1984: 104). 더욱이 효의 4대 요건(존중, 애정, 측은지심 및 서)을 주로 담고 있어 인간중시적 고령자 돌봄을 이루는 데 필수적 요소가 된다(윤태림, 1970).

다음 장에서 가족효에 관한 심층적 논의를 한다.

2) 사회효의 개요

〈사회적 효의 대두〉

새 시대에 실행되기 시작한 사회효의 시대적 의의와 필요성에 관한 의견과 논의가 한국을 포함한 동아시아 여러 나라에서 이어지고 있다(조지현 외, 2012).

기초생활보장 수급자(65세 이상)를 포함한 모든 고령자로서 일상생활을 하기 어려운 분은 사회보장제도하에 지방자치단체(시, 군, 구) 지원으로 전국에 산재하는 각종 사회복지조직(시설)과 공익단체가 제공하는 다음과 같은 사회적 돌봄서비스-사회효-를 받을 수 있다(보건복지부, 2022: 사회서비스공통업무안내).

각종 사회복지 돌봄서비스, 안전 확인, 생활 지원, 사회참여 및 문화 활동 지원, 소정 등급에 따른 재가(在家) 또는 시설(施設)에서의 장기요양, 치매 관리 지원, 건강 관련 지원, 일자리 지원 등을 받을 수 있다.

그런데 유감스럽게도 이런 사회효가 행해지는 일부 조직(시설) 및 단체에서는 고령의 돌봄 대상자에 대한 인간적 정이 희박한 경우가 엿보이며, 돌봄 과정에서 이분들에게 비인간화된 돌봄을 제공하는 불상사가 흔히 발생한다. 즉, 전술한 4대 효행 요건(존중, 애정, 측은지심, 서)을 바람직하게 실행하지 못하는 경우이다. 물질적 금전을 가지고 돌봄 제공자의 작업동기화를 하며 돌봄 사업의 합리화와 경제적 효율성을 중시하기 때문인 것으로 보인다.

하지만 개인과 집단이 자원해서 행하는 사회봉사(자원봉사, 사회공헌 활동 등)와 같은 사회효의 경우는 이러한 제한점이 별로 드러나지 않는다.

위와 같은 제한점을 갖지만 사회효는 아래와 같은 돌봄을 제공하는 데 능숙하며 강하다.

* 기술 중심적 돌봄
* 다수를 위한 균일화된 돌봄
* 규정에 따른 타율적 돌봄
* 효율적 돌봄

사회효는 사회보장제도를 보완하는 기능을 수행한다. 예로 퇴계가 돌보아 줄 것을 호소한 (앞서 논한) 환과독고(鰥寡獨孤, 늙어서 아내 없는 자, 늙어서 남편 없는 자, 늙어서 자식 없이 혼자 사는 자, 의지할 곳 없이 홀로 사는 자)를 위한 사회적 돌봄서비스-사회효-가 실행되고 있다.

현재로서는 이러한 사회효를 생활기능이 낮거나 없는 저소득 고령자에게 우선적으로 행하고 있다. 수혜자격 결격, 빈곤선 미달, 자비부담능력 부족 등의 이유로 혜택을 받지 못하는 고령자가 상당수 있다.

그래서 앞서 지적한 바와 같이 젊은 세대는 나라의 고령자 복지기능을 확장, 증대해서 보다 더 널리 사회적 돌봄을 제공해야 한다고 요구하고 있다.

제6장에서 사회효에 관한 심층적 논의를 한다.

3) 공동의 목표

다수 국가는 국가의 사회보장제도가 고령자를 비롯한 장애인, 어린이 등 사회적 약자를 돌보는 능력의 한계를 드러내 가족이 자체 돌봄 기능을 더 높여 줄 것을 호소하고 있다. 사회보장제도만으로는 국민의 늘어나는 복지 욕구를 충족하기 어려워져 "가족 하나하나가 자체 성원을 최대한으로 도와 나감으로써 재정적으로 어려워진 국가를 도와야 한다"는 것이다.

영국의 사회보장제도를 꾸민 A. Beveridge 경은 다음과 같이 '국가 대 개인' 역할에 대해 언급하였다(The Beveridge Report, 1942).

> "국가가 개인의 생활비를 충당해 줄 수 있다. 그러나 시민도 국가가 맡고 있는 이러한 책임에 버금가는 노력을 해서 자신의 수입을 올릴 책임이 있다."

이 말은 개인과 국가가 힘을 합쳐 공동으로 사회복지를 이룩해 나가야 한다는 요지의 타이름 내지 충고라고 볼 수 있다.

일본의 민법(民法 IV 친족상속법)에도 이와 비슷한 국가 대 가족의 노부모 돌봄에 대한 책임과 관련된 조항이 들어 있다. 즉 가족이 노부모를 돌볼 수 없는 경우에는 국가의 공적 생활보호를 요청할 수 있다. 하지만, '친족부양우선원칙'에 따라 친족이 자체 돌봄을 다하고 난 후에 신청할 수 있다고 규정해 놓

앗다. 즉, 가족의 노부모 돌봄에 대한 책임을 국가 개입에 앞세우고 있는 것이다.

한국의 노인복지법(준칙)에도 "노인복지에 대한 책임을 국가와 지방단체가 지되 노인복지를 담당하는 자와 국민은 다 같이 노인복지 증진과 경로사상 함양에 힘쓸 것"의 조항을 설정해 놓았다.

우리가 명심해야 할 사실은 노부모·고령자를 위한 사회복지체계를 운영하는 데 있어 대사회가 사회효를 실행할 책임을 져야 함은 물론이지만, 가족 중심 돌봄 집단도 가족효를 행할 책임을 져야 한다는 것이다. 바꾸어 말하면 대사회와 가족은 서로 돌보는 상호 교환 관계를 이루면서 공동적 고령자 돌봄 능력을 최대한으로 발휘할 책임을 수행하는 것이다.

〈상호 보완: 돌봄의 포괄화〉

다음 사항과 같은 대조적인 속성을 지닌 두 가지 효가 공동목표인 효·경로효친을 어떠한 형식과 방향으로 함께 실행해야 하는가에 대한 식별작업이 필요하다.

* 시민이 사적으로 하는 돌봄 대 사회가 공적으로 하는 돌봄
* 인간중시적 돌봄 대 기술 중심적 돌봄
* 소수를 위한 개별적 돌봄 대 다수를 위한 균일화된 돌봄
* 우발적 문제에 대한 돌봄 대 일상적 문제에 대한 돌봄
* 고령자의 욕구와 필요에 맞게 하는 돌봄 대 돌봄 제공자의

욕구와 필요에 따라 하는 돌봄

* 마음에서 우러나는 정과 측은지심으로 하는 자율적 돌봄 대 정이 없이 정해진 법과 규정에 따라 타율적으로 하는 돌봄
* 가족 세팅에서 하는 돌봄 대 사회시설 세팅에서 하는 돌봄

이러한 구별을 해서 노부모·고령자의 욕구와 필요에 따라 두 가지 효를 선별적으로 활용할 필요가 있다. 아울러 우리가 인식해야 할 점은 두 가지 효는 대조적인 속성을 지니지만, 다 같이 노부모·고령자에 대한 효·경로효친을 실행하여 이분들의 삶의 질과 복지를 향상할 공동의 책임을 수행한다는 사실이다.

이 두 가지 효를 종합하면 가족효를 보완, 강화할 수 있고, 아울러 사회효도 보완, 강화될 수 있다. 그래서 이중적 돌봄체계를 잡아야 할 것으로 본다. 그럼으로써 가족 자체의 노력과 사회의 노력을 종합하여 포괄적 노부모·고령자 돌봄-효·경로효친-을 발전적으로 실행해 나갈 수 있다고 본다.

새 시대에 이와 같이 두 가지 효를 연계할 필요성이 매우 커지고 있다.

이러한 연계 방법과 맥을 같이하는 방식으로서 미국 사회복지학 석학 E. Litwak(미국 컬럼비아대학 석좌교수, 1985)는 가족 자체의 가족적 돌봄과 가족 외부의 사회적 돌봄을 결합할 필요가 있음을 주장하였다. 그는 가족이 제공하는 돌봄을 외부 체계가 제공하는 사회복지 돌봄으로 보완 내지 강화하는 방법

을 제창한 것이다. 가족 안팎에서 제공하는 돌봄을 상호 보완적으로 활용함으로써 가족의 연대성을 약화하거나 가족의 돌봄 역할을 빼앗지 않는 동시에 국가에 과중한 재정 부담을 부가하지 않으면서 고령자를 포함한 의존적인 가족원을 돌볼 책임을 마땅하게 수행토록 할 수 있다는 것이다. 이렇게 두 가지 돌봄을 통합하는 방법은 가족효와 사회효를 연계하여 포괄적인 노부모·고령자 돌봄을 위한 복지 공동체를 이룩하려는 우리에게 참고가 될 수 있다고 본다.

새 시대에 위와 같은 가족 중심 돌봄을 보완, 증진할 수 있는 사회효가 실행되기 시작했다. 나라의 노인복지 관련 법과 제도를 기틀로 대사회의 각종 사회복지시설과 비영리 공익단체가 공식적 규정과 준칙에 따라 타율적으로 제공하는 돌봄이다.

퇴계가 역설한 이타적인 공(公)을 위한 활동이다.[4]

---

4) 공(公)에 대해서는 제6장에서 해설함.

제5장

가족효의 총괄

1. 시대적 적응

우리는 아직도 확대가족의 의식 속에서 살고 있다(최재석, 1983; 송복, 1999; 모선희, 2000; 신용하, 2004). 부모의 핵가족, 아들의 핵가족, 딸의 핵가족, 손자녀의 핵가족의 연합으로 이루어진 확대된 대가족 구조가 형성되어 서로 의존하며 돌보는 기능을 하고 있다(이광규, 1981; 최상진, 2012; 김영범, 박준석, 2004; 이여봉, 2017; 조흥식 외, 2021).

하지만 노부모를 돌보지 못하는 가족이 늘고 있어 이 기능의 일부를 나라와 사회가 대행하기 시작했다.

이러한 맥락에서 가족효를 보완해서 활성화해야 한다는 공론이 드러나고 있다(신용하, 2004; Yang(양옥경), 2017; 김영란 외, 2016; 성규탁, 2021).

그렇지만, 다수 가족은 노부모·고령자를 효의 가치와 관습에 따라 돌보고 있다. 과거보다 약화되었다고 하나 가족이 노부모 돌봄에 대한 책임을 포기 또는 저버렸다는 증거는 없는 것으로 본다.

사실 다수 가족은 노부모의 기초적 욕구의 대부분을 친족 관계의 일차적 사회관계망을 통해서 충족하고 있다(Yang(양옥경), 2017; 정경희, 강은나, 2016; 권중돈, 2019). 이 사실은 가족주의가 작용하고 있으며 서로 돌보는 친족 관계가 이어지고 있음을 시사한다(조흥식 외, 2021; 김영란 외 2016; 한상진, 2006). 혈연을 기틀로 하는 복수의 핵가족으로 이루어진 가족망을 통한 서로 돌봄 활동이 전개되고 있는 것이다.

이러한 실황을 반영하듯이 한국의 고령자는 다음 자료가 시사하는 바와 같이 가족에 집착하고 있다. 즉, 노후생활형태를 조사한 바에 의하면, 가족과 내 집에서 살겠다는 응답이 57%, 혼자 집에서 살겠다는 응답이 19%, 요양시설에서 살겠다는 응답은 14%로 나타났다. 무려 76%가 내 집에서 여생을 보내겠다는 선택이다(『한겨레신문』, 2022. 8. 20.). 고령자의 91%는 어려운 문제에 부딪히면, 제일 먼저 가족을 찾는다(성규탁, 2019).

나라와 사회는 경로효친을 법령으로 지령, 창도하고 있지만, 사회보장체계가 개발 과정에 있어 보편적으로 사회적 효를 실행하기에는 아직은 힘든 실정이다. 더욱이 가족과 같이 효의 4대 요건(존중, 애정, 측은지심 및 서)으로써 인간중시적인 돌봄을 실행하는 데는 역부족이다. 하지만 현대사회에서 가족의 힘만으로는 포괄적인 노부모·고령자 돌봄을 하기 어려운 실정이다. 그래서 사회효를 확장, 증진해 나갈 필요가 있다.

하지만 사회효는 가족효 기능을 빼앗거나 훼손하지 않고 이를 보완, 강화하는 방향으로 실행되어야만 한다.

2. 문화적 속성

효는 가족관계에서 우러난다.

가족을 이루는 성원들은 출생 및 혼인으로 자동적으로 가족원이 되어 영구적 관계를 이룬다(한국보건사회연구원, 2012). 이들은 경제적 대가를 바라지 않고 자율적으로 애정, 존중, 측은지심 및 서의 인간적인 가치로써 부모를 돌본다.

가족을 중시하는 가치는 가족에 대한 강한 애착과 관심으로서 가족원들 간의 서로에 대한 의존과 돌봄을 당연시하고 가족의 번영, 명예, 영속을 소중히 여기는 믿음이다(최상진, 2012; 성규탁, 2016: 제8장; 조흥식 외, 2021). 오늘날 가족법의 개정, 핵가족화의 심화, 저출산, 고령화, 생활 스타일의 변화는 가족생활에 큰 영향을 미치고 있다. 하지만 위와 같은 가치적 측면에서는 아직도 전통적인 가족 중심적인 문화적 성향을 유지하는 경향이 짙다(신용하, 2004; 도성달, 2012; 최연실 외, 2015: 38-39; 김영범, 박준석, 2004).

위의 최근 조사자료가 시사하듯이 무려 3분지 2 이상의 고령자가 가족과 내 집에서 노후를 보내고자 선택하고 있다.

최상진 교수의 말대로 한국 가족은 부모에 대한 깊은 인간적 정을 간직하고 있다. 이들의 다수는 부모를 옳게 돌보지 못해서 미안함과 한스러움과 같은 측은지심을 부지불식간에 거의 무의식적으로 간직하고 있다(최상진, 2012: 250).

다음은 이런 측은지심에 관련된 퇴계의 말이다.

> "사람이 추구하는 가장 고귀한 가치인 인(仁)은 사람을 존중하고 사랑하는 마음이며 이 마음에는 측은지심이 한결같이 통한다"(『성학십도』, 인설; 『퇴계집』, 차자, 인설).

이러한 마음으로 가족이 일상생활에서 제공하는 정서적 및 수단적 돌봄은 부모의 삶을 유지하는 데 값있고도 긴요하다. 스스로 마음에서 우러나는 정에 찬 이런 돌봄은 특수하여 가족이 아닌 다른 사람은 행하기가 어려운 것이다.

부모와 자녀 간 깊은 정은 초기에는 부모로부터 시발 되나 자녀가 성장하고 사회화되는 과정에서 자녀의 부모에 대한 깊은 정으로 전환된다. 이 과정에서 자녀는 부모에 대한 단순한 정의 차원을 넘어 고마움과 송구스러움을 느끼는 동시에 보은 의식을 가지게 되고, 부모는 자녀에 대해 측은지심과 더불어 깊은 혈육의식을 갖는다(최상진, 2012: 253; Yang(양), 2017).

위와 같은 부모 자녀 관계를 중심으로 이루어지는 가족효는 가족원이 자율적으로 제공하는 돌봄이다. 법적인 규정에 따라 타율적으로 행해지는 사회효와 대조된다. 이러한 돌봄은 태어나서부터 오랜 세월 동안 이어진 부모와의 친함과 정으로 이루어진 유대 관계와 이분들로부터 받은 도움·은혜 때문인 것으로 본다.

3. 전통과 변화

가족효는 여러 세대에 걸쳐 실행되어 왔으며 문화적 규범으로서 여전히 기능하고 있다. 이 전통적 규범에 따라 부모를 포함한 고령자를 대하는 태도와 행위가 조정되며 이의 도덕성이 판정되고 있다(지교현, 1988; 류승국, 1995; 신용하, 2004).

문화가 다름에 따라 고령자에 대한 태도와 행동에 차이가 드러난다(Palmore, 1989; Hofstede, 2003). 이러한 문화적 차이는 고령화 과정에 매우 커다란 영향을 끼친다. 동아시아문화권 나라에서는 고령자에 대한 시각이 일반적으로 긍정적이며 고령자를 존중하며 돌보는 관행이 드러나 보인다(Streib, 1987; Chow, 1995; 조지현, 오세균, 양철호, 2012).

이와 대조적으로 서양문화에서는 고령자의 다수는 공동사회에서 격리, 배제되고 병원과 요양원에 속하는 사람으로 취급되는 경향이 엿보인다.[5)]

---

5) 예외로 서양문화권에 속하는 그리스(Greece) 사람들은 고령자에 대한 차별적 태도와 행동을 하지 않는다. 가족 중심으로 고령자는 존경과 축복을 받고 있음.

〈전통의 지속〉

　동아시아문화권 전역에 걸쳐 산업화 과정에서 부모·자녀 관계에 변화가 일어나고 있는 것이 사실이다. 그러나 효에 뿌리를 둔 문화적 가치가 달라졌다고는 할 수 없다.

　다수 가족은 이 문화적 가치를 보존하려고 대안을 찾아가며 시대적 변화에 적응해 가고 있다.

　한국, 중국, 일본, 대만, 싱가포르 등 동아시아 나라에서는 효의 규범이 여전히 적용되고 있다. 그리하여 산업화가 오래된 일본에서는 고령자를 존경하는 전통이 지속되며, 사회주의 체제하의 중국은 효행을 법으로 규정하고, 고도로 산업화한 한국, 대만, 싱가포르에서는 경로효친을 법제화하였다.

　한국, 중국, 일본 및 대만의 4개국 사람들의 부모 돌봄에 관한 비교 국가적 사회조사에서 나온 경험적 자료에 의하면, 고도로 산업화한 이 여러 나라에서 효를 행하는 문화적 관습이 광범위하게 지속하고 있다. 이 중에서도 한국이 가장 전통적인 노인 돌봄의식-효의식-을 간직하고 있으며, 다음으로 대만, 중국 및 일본이 따랐다. 4개 나라 모두에서 공통으로 고령자 돌봄이 실행되고 있음이 이 조사에서 드러났다(조지현, 오세근, 양철호, 2012).

　이러한 실상의 또 하나의 보기로서 중국의 경우를 들 수 있다. 중국에서는 효를 자랑스럽고 고귀한 문화적 가치로 삼고 있다. 일부 대도시에서는 이 전통적 가치가 약화하는 징조가 엿보이지만, 중국의 대다수 성인 자녀는 여전히 노부모를 존경하며 돌보아 나간다(왕웬양, 2011).

중국인의 고령자를 존경하는 관행을 보고 미국 노년학 석학 G. Streib(1987)는 중국인은 노인을 만나면 '자동적'으로(automatically) 존중한다고 했다.

중국의 형법(1980 재정)은 부모를 저버리는 성인 자녀는 5년 이하의 형을 받도록 규정하였다. 이 나라의 노인권익보장법은 고령자 돌봄에 있어 가족이 중심적 역할을 하도록 규정해 놓고 거택안락(居宅安樂, 고령자가 가정에서 안락하게 생활토록 함) 정책을 세워 가족 중심의 고령자 돌봄을 촉진하고 있다(Du, 2013; 고춘란, 2014). 다수 중국인은 노부모를 요양원에 보내는 것을 불명예스러운 처사로 낙인찍는다(왕웬양, 2011).

일본에서도 고령자(대다수가 독거노인)가 평생 살아온 정든 집에서 여생을 보내도록 보건의료 및 사회서비스를 제공하며 거택안락을 이룩하도록 하는 재가복지(在家福祉)를 추진하고 있다(Maeda, 2004).

위와 같이 한국을 비롯한 동아시아 나라에서 일어나는 실상은 문화적 저항(文化的 抵抗)을 나타내는 현상이라고 볼 수 있다(Cogwill & Holmes, 1972). 즉 산업화에 따른 사회구조의 변화 속도보다 고령자를 돌보는 기능이 느리게 변하고 있는 현상이다. 이 기능이 이렇게 느리게 변하는 것을 보아 한국을 비롯한 동아시아 나라 사람들의 다수는 앞으로 상당 기간 전통적 문화적 가치-효-를 지속, 발현해 나갈 것으로 본다.

4. 효: 부모 자녀 관계

1) 부모 자녀 간 친한 관계(부자유친 父子有親): 효의 시발

효는 부모 자녀 간 친한 관계에서 싹튼다.

사람이 마땅히 지켜야 하는 도리로서 5가지의 윤리적 원칙(오륜 五倫)을 들고 있다. 이 원칙에서 으뜸가는 것이 부자유친(부모와 자녀가 지켜야 하는 친한 관계)이다(이황, 『퇴계집』, 경연강의). 어느 시대, 어느 사회에서나 변할 수 없는 부모 자녀 간의 특수한 관계이다.

이런 가족적 관계를 기틀로 효가 실행되는 것이다.

가족의 중심은 부모·자녀 간의 자연적으로 이루어지는 이러한 친(親)한 관계, 부자유친(父子有親)이다. 하늘이 주신 관계로서 아무도 끊을 수 없고 세상이 바뀌어도 변하지 않는 관계이다. 이런 관계를 바탕으로 가족효가 오랜 세월 동안 실행되어 온 것이다.

〈부모 은혜〉

전통적으로 위와 같은 관계에서 이루어지는 효는 모든 착한 행동의 으뜸이고, 올바른 생활의 기본이라고 믿어 왔다(박종홍, 1960; 류승국, 1995; 송복, 1999).

부모는 다음과 같은 고귀한 은혜를 자녀에게 베풀기 때문일 것이다.

* 낳아 주신 은혜(생산의 은혜)

* 길러 주신 은혜(양육의 은혜)

부모는 몸을 남겨 주었을 뿐만 아니라 자녀가 자라나는 오랜 기간에 걸쳐 음식, 의복, 주거, 양호, 교육 등 온갖 유형의 정서적 및 물질적 돌봄을 제공하여 길러 주신다.

2) 부모 자녀 간 서로 돌봄(부자자효 父慈子孝)

이러한 특수한 관계를 가진 부모와 자녀 간에는 돌봄이 교호적으로 실행된다.

퇴계는 자녀가 부모를 돌보아 드리는 것과 부모가 자녀를 돌보는 것이 서로 연계되어 있음을 다음과 같이 말했다.

> "부모가 자녀를 사랑하며 돌보는 것을 자(慈)라고 이르고, 자녀가 부모를 존중하며 돌보는 것은 효(孝)라고 한다"(이황, 『퇴계집』, 무진육조소).

이어 퇴계는 효(孝)와 자(慈)에 대해서 다음과 같이 역설하였다.

> "효(孝)와 자(慈)의 도리는 인간이 본디 가지는 천성(天性, 하늘이 주신 성품)에서 나온 것으로서 모든 착함의 으뜸이니, 그 은혜가 지극히 깊고, 지켜야 할 윤리로서 지극히 무거우며, 그 정(情)은 가장 절실하다"(『퇴계집』, 무진육조소).

위의 말은 부모는 자녀를 깊은 애정으로 돌보고 자녀는 부모를 존중하며 돌보는 이 세상에서 가장 값있는 온정으로 가득한 인간관계가 이룩됨을 밝힌 것이다.

퇴계가 가장 중시하는 가치는 인(仁)이다. 인을 행동으로 옮기는 기본적 방법이 바로 위와 같이 부모를 애정과 존중으로 돌보는 것이다.

오늘날 새 기술이 나와 산업 방식이 달라지고 생활양식이 바뀌고 있다. 이러한 큰 변화 속에서도 변치 않는, 아니 변할 수 없는 사실이 있다. 그것은 곧 위와 같은 부모에 대한 존중과 돌봄이고 자녀에 대한 애정과 돌봄이다.

3) 부모 · 자녀 간 돌봄의 특성

(1) 의존하며 돌보는 관계

서로 의존한다는 것은 가족, 친척 및 가까운 친구가 가지는 특별한 인간적이며 사회적인 관계이다.

동아시아의 유교문화권 나라에서는 부모와 자녀가 서로 의존하는 관계를 인간사회의 자연적인 현상이라고 본다(김낙진, 2004; Roland, 1989). 이 점에 관해서 신유학(新儒學)의 석학 뚜웨이밍(杜維明)은 다음과 같이 말했다(Tu, 1995).

> "나 한 사람은 나를 둘러싸고 있는 사람들이 나에 대해 동정심을 가지고 나의 존재를 인정해 줌으로써 나 자신을 실현할 수 있다. 이 세상의 모든 것들은 서로 의존하면서 서로에게 영향을 미치고 있다. 모든 것들은 다른 것들의 쓸모가 됨이 본질적 성품이다. 즉 다른 것들의 삶에 이바지함으로써 자체의 존재 이유를 갖게 되는 것이다."

이 말은 사람은 홀로 살아가는 것이 아니라 다른 사람과 어울려 서로 돌보는 사회관계를 이루면서 살아간다는 것이다.

어려서부터 밀접한 인간관계가 진행되는 가족 중심적 '우리'의 사회망 속에서 성장한 한국의 자녀는 서로 의존하는 생활 방식과 행동 양식에 길들어 있다. 한국인은 서양 사람같이 개인주의적 자기 지향보다는 가족을 포함한 집단에 속하면서 '우리' 의식을 가지고 다른 사람과 서로 의존하면서 나를 실현하는 성향이 짙다(신용하, 2004; 김낙진, 2004; 김용범, 박준석, 2004).

앞서 논한 세대 간 돌보는 관계는 부자 관계에서 드러났으며 이러한 관계는 생애주기에 따라 진행되는 호혜적 돌봄에서 분명해진다.

어린이는 그의 성장 과정을 통하여 부모로부터 사랑, 존중 및 측은지심으로 정서적 및 수단적 돌봄을 받으면서 전적으로 부모에게 의존하면서 자란다. 이들은 소년·청년기에 들어서도 자기 존중, 자기 신뢰, 애정 관계를 높이려고 부모를 비롯한 가족원에게 의존한다. 이어 노령기에 접어들어 사회적 및 신체적으로 어려워진 노부모는 성장한 자녀에게 의존하게 된다. 이와 같이 부모와 자녀 간에 생애주기에 따라 서로 의존하면서 돌보는 호혜적 관계가 이루어진다.

특정한 문화적 맥락에서는 부모·자녀 간의 의존도가 더 높다. 한국인을 포함한 동아시아 나라들의 경우가 그러하다(도성달, 2012; Roland, 1989). 의존을 비정상적인 사회관계로 보는 서양문화에서의 인간관계와 대조된다.

퇴계는 향촌 사람들이 자주적으로 서로 돌보는 사회체계로서 향약(鄕約)을 입조해서 운용하였다. 즉 지역주민이 서로 의존하면서 하나의 '우리'를 이루어 자율적으로 서로 돌보면서 공동의 복지를 추구한 것이다. 오늘의 우리가 희구하는 서로 돌보는 지역 복지증진 방법이 이미 오래전에 실행된 것이다(나병균, 1985; 정순목, 1990).

퇴계가 그의 저서 『성학십도(聖學十圖)』에서 제시한 일련의 가르침은 서로 돌보는 상호 의존적 관계의 윤리 도덕성을 소상히 해명하는 내용이다(김낙진, 2004).

다수 부모는 노령기에 흔히 본의 아니게 자녀에게 의존하는 처지에 놓이게 된다. 자녀의 의존을 받아 주던 관계에서 그들에게 의존하는 처지로 전환하는 것이다. 고령기에 들어 의존성이 증가할수록 자녀와 동거하는 비율은 높아지는 경향이다. 2000년 초에 65-69세 고령자의 동거 비율이 23%, 70-79세의 동거 비율이 33%, 80세 이상의 동거 비율이 42%이던 것이 2019년에 이르러서도 비슷한 동거 현상을 보인다(권중돈, 2019: 223).

이 자료가 시사하듯이 비교적 많은 성인 자녀가 의존적인 형편에 처해 있는 노부모의 사정을 수렴하여 자녀의 의무로서 이분들과 동거하거나 내 집 가까이 모셔 돌보는 사례가 많은 것이다(김용범, 박준석, 2004).

노부모·고령자의 대다수는 노령기에 들어 자원해서 또는 본의 아니게 자녀로부터 정서적 및 수단적 돌봄을 받게 된다. 저자의 사회적 지원망 조사에 의하면, 노부모의 91%가 어려울 때 제일 먼저 찾는 곳이 가족이다(성규탁, 2016). 그리고 자녀와 떨어져 사는 노부모의 다수가 병약해지면 자녀와 가까운 곳으로 이전하거나 자녀와 동거하게 된다. 의존을 병으로 보는 서양 사회에서도 다수 고령자는 성인 자녀와 가까운 데로 옮겨와 살거나 함께 살면서 여생을 보낸다(Connidis, 2009; Queresi & Walker, 1989).

앞서 거론한 바와 같이 한국의 고령자가 노후생활형태를 선호하는 데 관한 조사에 의하면, '나의 집'에서 살겠다는 응답이 57%, '혼자 집'에서 살겠다는 응답은 19%, 요양시설에서 살겠다는 응답은 14%로 나타났다(『한겨레신문』, 2022. 8. 20.). 무려 3분지 2 이상이 내 집에서 노후생활을 영위하겠다는 선택을 하였다.

이러한 노후생활형태 선택과 위에 거론한 동서양의 실상을 보아 가족을 이루는 부모와 성인 자녀 간의 돌봄을 둘러싼 상호 의존 관계는 자연적인 또는 부득이한 현상이라고 하지 않을 수 없다. 다만 의존하는 정도의 높고 낮음, 그 기간의 길고 짧음, 그리고 정서적 돌봄과 수단적 돌봄의 어느 것을 더 많이 또는 더 적게 필요로 하는가의 차이가 있을 따름이다.

개개 가족의 생활 형편과 자조 능력이 다르기는 하지만, 한국 가족의 공통점은 고령의 부모를 포함한 가족원들 사이에 떨어져 살면서도 위와 같은 서로 의존하면서 돌보는 관계가 지속되고 있으며, 서로의 안녕에 대한 책임을 나누어 가지는 성향이 짙은 점이다(최재석, 2009; 신용하, 2004; 김낙진, 2004; 도성달, 2012).

(2) 존중하며 돌보는 관계

한국인에게 특유한 정(情)은, 전술한 바와 같이, 친밀감을 느끼게 하고, 따스하고, 계산하지 아니하고, 보답을 요구하지 아니하는 호의적 심리로서 상대방이 직면하는 문제에 대해 염려하면서 개입해서 돌보아 주려는 성향과 전술한 효의 요건(존중, 애정 등)을 두루 담고 있다.

대유학자 율곡 이이(栗谷 李珥)도 퇴계의 가르침과 같은 다음 교훈을 남겼다.

> "남의 아버지가 된 자는 그의 자녀를 사랑할 것이요, 자녀는 부모 은혜를 잊지 않고 효를 해야 한다"(이이, 『율곡전서』, 권27, 擊蒙要訣).

이처럼 가족을 중심으로 부모와 자녀는 서로 존중하며 서로를 돌볼 책임이 있음을 가르쳤다. 즉 부모와 자녀가 호혜적 돌봄을 행할 책임을 역설한 것이다.

이런 부모·자녀 관계에 대해 사회학자 최상진(2012)은 다음과 같이 설명하고 있다.

부모와 자녀가 혈통(핏줄)을 같이함으로써 자연적으로 발생하는 인정(사람의 정)은 처음에는 부모로부터 시작되나, 자녀는 성장하면서 사회화되는 과정에서 자녀는 부모를 존중하는 심정을 간직하게 되고, 이어 부모·자녀 간에 정을 주고받는 교환이 이루어진다. 이 과정에서 자녀는 노부모에 대한 단순한 정과 친밀감의 차원을 넘어 고마움, 송구스러움 등을 느끼는 동시에 부모 은혜를 갚고자 하는 마음을 간직하게 되며, 한편 부모는 자녀에 대해 측은지정과 더불어 친밀감으로 충만한 혈육의식을 가지게 된다.

부모·자녀 관계는 이러한 자연적이며 끊을 수 없는 친함과 정을 바탕으로 하는 감정적 유대로 이루어진다. 이런 관계에서도 부모와 자녀는 서로가 마땅히 지켜야 할 규범을 따른다. 이 규범의 대표적인 것이 퇴계가 역설한 서(恕)이다. 즉 "내가 원하는 것을 남에게 한다", "내가 서고자 하는 데 남을 세운다"의 남을 존중하는 정신이며 인(仁)을 발현하는 방법이다. 부모와 자녀 간에도 이러한 관계가 적용됨은 말할 것도 없다. 자녀는 부모에게 그리고 부모는 자녀에게 서로 도움이 되는 것, 서로 바라는 것, 서로 바람직하다고 보는 것을 자진해서 서로 너그럽게 주고받는 것이다.

즉, 존중과 돌봄을 주고받는 호혜적 관계가 이루어지는 것이다. 이 관계의 저변에는 퇴계와 율곡이 가르친 바와 같이 서로가 존중하며 돌보아야 할 책임이 깔려 있다.

5. 가족 중심 부모 돌봄: 가족효

1) 자녀의 부모 돌봄: 실제

자녀의 부모 돌봄은 퇴계가 교시한 부자자효(父慈子孝)에서 자효(子孝, 자녀가 부모를 돌봄)에 해당한다.

오랜 기간 부모로부터 돌봄을 받아 온 자녀는 노년기에 든 부모를 사회적 기대에 맞게 돌볼 수 있게 된다. 즉 가족효를 행하게 되는 것이다.

효의 으뜸가는 표현은 전술한 바와 같이 부모에 대한 '존중'이며 이에 곁들여 '돌봄'을 행하는 것이다.

다음 3가지의 보기를 들어 성인, 청년 및 소년이 가족효를 행하는 실상을 살펴보고자 한다.

[보기 1] 성인 자녀의 효행

[보기 2] 청년의 부모 존중

[보기 3] 소년의 부모에 대한 감사

[보기 1] 성인(成人) 자녀의 효행

성숙해진 성인 자녀가 가족효를 실행한 사례이다.

퇴계가 밝힌 인간사회의 으뜸가는 가치 인(仁)의 표현인 효(부모 돌봄)를 모범적으로 실행하여 효행상을 받은 성인 987명을 대상으로 효를 행한 방법을 조사한 결과 5가지의 대표적 효행 유형이 드러났다(성규탁, 2005, 2017).

효행자가 각 유형에 준 중요성에 따라 순위를 매겨 보았다. 아래와 같이 부모에 대한 '존중'이 가장 중요하다고 지적되었다. 이어 부모에 대한 '보은', '애정', '책임수행' 및 '부모 중심의 가족화합'이 따랐다. 아래 각 유형에 따른 괄호 안 숫자는 중요성(5단위측도: 1=전혀 중요치 않음 … 5=매우 중요함)을 지적한 빈도의 평균치이다.

① 부모를 존중함(4.42)

② 부모 은혜에 보답함(4.36)

③ 부모를 사랑함(4.27)

④ 부모에 대한 책임을 수행함(4.14)

⑤ 부모 중심으로 가족의 화합을 이룸(3.84)

위와 같은 효행은 정서적 및 물질적 에너지의 일부를 부모에게 바친 이타적인 덕행이다.

자녀가 부모에게 진 가장 큰 빚은 바로 이 세상에서 가장 귀중한 몸(신체)을 받고 양육을 받은 것이다. 부모는 자녀가 태어난 순간부터 돌보기 시작하여 이들이 스스로를 돌볼 수 있을 때까지 깊고 절실한 애정, 존중, 측은지심 및 서로써 돌보아 나간다. 자녀가 자신들을 돌볼 능력을 가진 뒤에도 고령이 된 부모는 계속 돌보아 주다가 세상을 떠난다.

부모가 이와 같이 베푼 돌봄에 감사하며 이분들에게 보답하려고 노력하는 것을 다음과 같은 내용의 가족효라고 할 수 있다.

〈부모에게 행한 효의 내용〉

효행자가 부모에게 제공한 돌봄의 구체적 행동을 질문한 결과 32가지의 다양한 행동이 드러났다(성규탁, 2005, 2017). 이 여러 가지 돌봄 행동을 다음 3범주로 나누어 볼 수 있다.

(a) 부모를 위한 돌봄

(b) 가족을 위한 돌봄

(c) 이웃을 위한 돌봄

위의 3가지 돌봄을 다음과 같이 정서적 돌봄과 수단적 돌봄으로 분류할 수 있다. [괄호 안 숫자는 '실행했다고 응답한 효행자들'의 총 응답자 수에 대비한 백분율임]

(a) 부모를 위한 돌봄

정서적 돌봄	수단적 돌봄
* 존중함(39%) * 마음을 편히 해 드림(38%) * 부모의 의견을 존중함(23%) * 걱정을 들어 드림(34%) * 부모의 소원을 성취함(4%) * 말 상대가 되어 드림(10%)	* 병간호를 해 드림(66%) * 통변을 도와드림(50%) * 식사 시중을 해 드림(46%) * 약을 공급해 드림(45%) * 안마를 해 드림(4%) * 위독한 부모에게 헌혈을 함(3%) * 세탁을 해 드림(23%) * 목욕을 시켜 드림(22%) * 방을 정리해 드림(13%) * 책, 신문을 읽어 드림(1%) * 잡비를 드림(4%) * 외출 시 동반해 드림(6%) * 업어서 이동시켜 드림(4%) * 노인학교에 보내 드림(4%)

(b) 가족을 위한 돌봄(생략)
(c) 이웃을 위한 돌봄(생략)

위와 같이 부모님에게 정서적 돌봄과 함께 수단적 돌봄(물질적 돌봄)을 해 드렸다. 그리고 배우자, 자녀, 형제자매, 친척 및 이웃을 위한 돌봄까지 곁들여 행하였다.

가족효는 부모와 자녀 간의 서로 존중하며 돌보는 호혜적 관계 속에서 이루어졌다.

효행자와 노부모 사이의 돌봄의 흐름은 위와 같이 양방향적(兩方向的)이었다. 생(生)이 진행되는 과정에서 필요에 따라 도움이 자녀로부터 부모에게로 갔고, 부모로부터 자녀에게로도 갔다.

노부모도 자녀를 돌보았다. 즉 자(慈, 자녀를 인자하게 돌봄)가 이루어졌다. 노부모가 자녀에게 베푼 도움은 애정과 관심을 갖기, 충고와 상담, 격려와 위로, 사기를 돋우어 줌, 아이 돌보기, 집안일 돕기, 정보제공, 발전을 위한 외부자원과의 연계, 재정적 지원 등이다. 노부모는 이런 도움을 주기 오래전부터 여러 해 동안 자녀 양육을 위해 온갖 유형의 돌봄을 해 온 것이다.

여성, 저소득자 및 대가족에 속하는 효행자는 많은 어려움을 겪으면서 가족효를 실행해 나갔다.

"효행을 하는 과정에서 가장 어려웠던 일이 무엇입니까?"라는 질문에 이들의 다수는 다음과 같이 답했다.

근심, 부담감, 좌절, 피곤, 구속감, 노부모의 무능 상태를 다루는 어려움, 노부모를 돌보기 위해 다른 식구들에 대한 의무를 소홀히 한 점 등의 문제를 견뎌내는 일이었다. 정신적 및 신체적 장애가 있는 노부모를 돌본 자녀들은 더욱 많은 어려움을 극복했다. 예를 들어 심한 체력소모, 긴 시간 투입, 끊임없는 부양으로 인한 정서적 소진, 자신의 부양 역할 수행을 제대로 못 한 데 대한 죄책감 등을 극복하는 어려움이었다. 며느리의 경우 혈연관계가 없이 결혼으로 인해 갖는 의무로서 힘든 시부모 돌봄을 하는 데서 겪는 긴장과 스트레스는 가히 짐작할 수 있다.

〈사회적 돌봄의 필요〉

위와 같은 가족적 돌봄-가족효-을 어렵게 하는 다음과 같은 요인이 작용하는 것이 현실이다.

노부모의 신체적 및 정신적 문제가 심각하여 가족의 힘으로는 돌봄을 계속하기 어렵거나, 매우 힘든 장기적 돌봄으로 가족원의 소진이 발생하거나, 돌봄을 에워싸고 가족원들 간에 갈등과 대립이 있는 경우 등을 들 수 있다(권중돈, 2021).

이와 같은 실상을 고려하여 가족효를 증진하기 위한 방안으로서 다음과 같은 사회적 돌봄을 제공해야 한다.[6]

* 심층적 돌봄이 필요한 심장마비, 신체장애, 정신질환 등 병력을 가진 노부모를 돌보는 가족에 대한 의료적 지원, 요양보호 및 가사 돌봄서비스를 제공함.
* 가족에게 제공하는 돌봄서비스에 관한 교육, 훈련, 상담을 해 줌.
* 치매 등 병환으로 장기적 돌봄을 요하는 노부모를 단기간 요양원·보호시설에 입원토록 하여 돌보미를 일정 기간 쉬도록 함.
* 친척, 친구, 이웃, 요양보호인, 자원봉사자가 돌봄을 단기간 대행토록 해서 돌보는 가족원이 과로와 스트레스에서

---

6) 시설과 단체가 제공하는 돌봄을 '돌봄서비스'라고 칭하겠음.

풀려나도록 함.

* 노부모를 부양하는 가족에 대한 가사 돌봄서비스, 요양보호, 현금지원, 세금감면, 일자리 제공, 교육 및 상담, 사회적 칭찬·포상 등 보상을 함.

* 노부모를 돌보는 가족원의 감정적 스트레스를 감소함.

노부모를 돌보는 가족원의 가족적 효 기능을 저해하는 요인을 절감하기 위해서 적어도 위와 같은 돌봄 방안을 강구, 실행해야 한다고 본다(권중돈, 2021). 이 방안은 사회적 효-가족 바깥의 돌봄-를 제공하는 것이다. 이렇게 함으로써 가족적 효를 보완, 증진할 수 있다.

[보기 2] 청년의 효행: 부모 존중

부모 존중은 효의 중심이며 돌봄을 내포하고 있다. 부모 존중에 대해서 저자가 수집한 경험적 자료를 바탕으로 해설하고자 한다(성규탁, 2017).

서울 시내 3개 대학에서 무작위로 선발된 458명의 대학생과 대학원생(청년 세대)이 부모를 존중하는 방식을 공동조사자 3명과 대학원생 6명이 설문을 통해 조사한 자료를 해석, 분석, 판별한 결과 아래와 같은 10가지의 존중 방식이 식별되었다.

10가지 방식 중 "돌봄으로 하는 존중"이 가장 빈번히 지적되었다(응답자들의 62%가 지적). 2번째로 자주 지적된 방식은 "순종으로 하는 존중"(51%), 3번째는 "의논을 해서 하는 존중"(41%), 4번째, "먼저 대접해서 하는 존중"(36%), 5번째, "인사를 해서 하는 존중"(33%), 6번째, "존댓말로 하는 존중"(31%), 7번째, "음식을 대접해서 하는 존중"(23%), 8번째, "선물을 해서 하는 존중"(21%), 9번째, "외모를 단정히 해서 하는 존중"(20%), 10번째, "조상에 대한 존중"(19%)이다.

위의 다양한 존중 방식은 부모를 포함한 고령자를 존중하는 문화적 가치를 표현한다고 볼 수 있다.

시대적 변천에 따라 이 방식은 수정되고 있다. 존중 방식이 수정된다고 해도 존중의 원리, 가치가 달라진 것은 아니다.

위의 자료에서 부모 돌봄과 부모에 대한 순종이 자주 지적되고, 인사와 존댓말은 지적 빈도가 낮다. 즉, 전통적 효행인 부모 돌봄과 순종이 자주 지적된 반면 인사와 존댓말은 비교적 적게 지적된 것이다. 이 자료는 새 시대 젊은 사람들의 성향이 권위주의적이고 가부장적인 형태로부터 호혜적이며 평등주의적 방향으로 변하고 있음을 시사한다고 본다.

〈사회적 돌봄의 필요〉

위와 같이 부모를 존중하며 가족효를 실행하는 학생에게 다음과 같은 사회적인 돌봄을 제공해야 한다고 본다.

* 학업에 전념하는 학생으로서 노부모를 돌보는 방안에 관해서 상담을 해 줌.
* 노부모를 돌보는 학생에게 사회복지 돌봄서비스를 제공하

고 사회적 칭찬·포상을 함.

* 집안 형편이 어려우면서 노부모를 돌보는 학생에게 재정
  적 지원을 함.
* 일반 학생에게 효를 권장하는 교육과 상담을 하고 효행을
  실행, 체험토록 함.

[보기 3] 소년의 부모에 대한 감사: 효의 실마리

소년(초등학생)이 부모가 베푸는 돌봄에 보답하는 첫 번째
행동은 "아버님·어머님 고맙습니다"라는 표현이 되겠다(김경
희, 2003: 44-75; 성규탁, 2013). 태어난 후 맨 먼저 하는 효행
이라고 볼 수 있다. 즉 효의 실마리가 되는 것이다.

사람은 태어나서부터 고마움을 저절로 알게 되는 것은 아니
다. 어른으로부터 배워서 알게 된다(Ryan, 1999).[7]

걸음마를 하는 유아는 완전히 자기중심적이다. 그렇지만
15-18개월이 지나면 점차 부모가 그를 도와주는 것을 알기 시
작한다(Lewis, 2005). 두세 살이 되면 부모에 대해서 고맙다는
표현을 할 수 있게 되고, 4세가 되면 사랑, 친절, 돌봄 같은 정
서적인 것에 대한 고마움을 이해하게 된다(Ryan, 1999).

고맙다고 하는 아이는 한 사람 중심의 세상으로부터 벗어나
그의 부모를 비롯한 주위 사람들이 그에게 제공하는 도움을 깨
닫게 된다.

---

7) 효행장려법(법률 제15190호: '부록' 참조)에 어린이 때부터 효 교육을 실시해야
   함을 규정해 놓았음.

아이는 집안에서 자라면서 부모로부터 칭찬, 훈계 및 벌을 받아 가며 받은 은혜에 고맙다고 하도록 사회화된다(Hashimoto, 2004; 김경희, 2003). 초등학교에 들어가면 철이 들기 시작하여 은혜를 베푼 사람에게 감사하려는 마음을 품게 되고 (김경희, 2003; Lewis, 2005; Rice, 1984), '고맙다'는 뜻을 표현 하도록 교육을 받게 된다(한국청소년개발원, 2011; 이희경, 2010; 김인자 외 2008). 이 경우 감사는 강요를 당해서 하는 것이 아니라 그의 마음속에서 우러나는 자율적인 것이다(Ryan, 1999; Hashimoto, 2004).

감사하는 아이는 은혜를 베푼 사람과 자신이 가진 것을 나누어 가지며, 그에게 도움을 주려는 친사회적(親社會的) 행동을 하게 된다(김인자 외 2008: 646; Emmons & McCullough, 2008).

우리 문화에서는 은혜를 갚는 것을 매우 중요시한다. 하지만 부모 은혜를 갚기란 쉬운 일이 아니다.

『명심보감』(효자 편)에는 부모 은혜를 갚는 의무를 수행하기가 그렇게도 어려움을 시사한 다음과 같은 구절이 있다.

"아버지 어머니 나를 낳으시고 애쓰시고 수고하셨도다. 그 은덕을 갚고 자 하는데 그 은혜가 하늘같이 다함이 없어 갚을 바를 알지 못하도다."

부모 은혜는 매우 크고 깊으며, 이를 갚기 위해서는 매우 많은 노력이 필요함을 시사한 가사이다. 이런 노력의 첫 단계 실행이 곧 감사하는 것이다. 교육적으로 볼 때, 다른 사람에게 고맙다고 하도록 가르치는 것은 매우 바람직한 효과를 가져온다. 즉, 감사하도록 지도를 받은 아동은 다른 사람의 감정-느낌에 예민하게 되고, 아울러 감정이입과 기타 정서적 기법이 발전하게 된다. 그뿐만 아니라 높은 만족감과 낮은 스트레스를 가지는 경향이 있다(Emmons & McCullough, 2008; Ryan, 1999). 친사회적 성향에 보태어 이러한 긍정적인 파급효과가 있는 것이다. 대체로 감사하는 마음을 심어 줌으로써 아동이 장래 이득을 보게 된다는 것이 전문가들의 견해이다(Rice, 1984; Lewis, 2005).

〈감사의 표현〉

부모는 자녀를 이 세상에 태어나게 하였고, 사랑으로 길러 주고, 교육시켜 주고, 사회에 진출하도록 도와주고, 끝없이 걱정하며 돌보아 나간다. 이분들의 넓고, 깊고, 조건 없이 베풀어 주는 은혜는 참으로 귀하고 어질다.

다음 노래 가사는 바로 이러한 특수한 은혜를 읊고 있다.

> "낳으실 제 괴로움 다 잊으시고 기르실 제 밤낮으로 애쓰시는 마음, 진 자리 마른자리 갈아 뉘시고, 손발이 다 닳도록 고생하시네. 하늘 아래 그 무엇이 높다 하리오 어머님의 희생은 가없어라."

이러한 고귀한 돌봄을 베푼 부모에게 고맙다는 마음을 가슴 속 깊이 품고 다음과 같은 '고맙습니다'의 표현을 때와 장소에 따라 한다. [다음의 대부분은 조부모에게도 드릴 수 있다] 아동에 따라 이런 표현을 못 하거나 아니 하더라도 그러한 고마움을 마음속에 품을 수 있다.

아래는 무작위로 선정된 3개 초등학교들의 3-4학년생 75명이 부모에게 감사하는 다양한 표현을 저자와 9명의 공동조사자들(초등학교 교원 3명, 학부모 6명)이 학생들에 대한 면접, 대화, 질문 및 관찰을 통해 식별하여 편집, 정리한 것이다(성규탁, 2013).

〈부모님 고맙습니다: 효의 실마리〉

* 저의 몸을 낳아 주셔서
* 저를 사랑으로 길러 주셔서
* 저에게 먹을 것과 마실 것을 주셔서
* 저에게 입을 것을 주셔서
* 제가 살 집과 이부자리를 마련해 주셔서
* 제가 아플 때 돌보아 주셔서
* 위험한 곳에 가지 않도록 일러 주셔서
* 위험한 장난을 하지 않도록 주의를 주셔서
* 교통규칙을 지켜 안전하게 통학하도록 지시해 주셔서
* 학교에 갈 때 외모를 단정히 하도록 도와주셔서
* 제가 공부하도록 뒷바라지를 해 주셔서
* 선생님의 말씀을 따르도록 일러 주셔서
* 선생님에게 공손히 인사하고 바르게 말하도록 주의 주셔서
* 학교규칙을 잘 지키도록 타일러 주셔서

* 좋은 친구들과 어울리도록 충고해 주셔서
* 다른 학생을 따돌리지 말라고 주의를 주셔서
* 다른 사람과 싸우지 말라고 주의를 주셔서
* 사람들에게 예의 바르게 행동하도록 가르쳐 주셔서
* 생활환경을 정돈하고 깨끗이 하라고 주의를 주셔서
* 어려움을 참고 헤쳐 나가라고 가르쳐 주셔서
* 돈을 아껴 쓰라고 타일러 주셔서
* 저를 위해 끊임없이 사랑으로 걱정해 주셔서

위와 같은 부모에 대한 감사의 표현은 어린 세대가 할 수 있는 효행-가족적인 효-의 실마리라고 할 수 있다. 이런 표현에는 어린 사람들의 부모에 대한 애정과 존중이 담겼음을 감지할 수 있다.

〈가족-학교-사회의 협동〉

감사하도록 지도를 받은 아동은 감정이입과 정서적 기법이 발전하게 되며 친사회적 성향을 기르게 되는 긍정적인 변화를 하게 된다. 이러한 효과를 발생토록 하는 데는 가족 내 부모의 지도와 학교에서의 사회화를 위한 가르침이 필요하다. 아울러 가족-학교-사회의 교육적 영향을 조정하는 인성교육 전문인의 지도가 필요하다. 효행장려법이 권장하는 바와 같이 아동의 성장기부터 효 교육을 해 나갈 것을 대사회는 요망한다. 이를 위한 가정, 학교, 사회 3자의 협동적인 노력이 필요한 것이다.

2) 부모의 자녀 돌봄: 실제

위에서 자녀가 부모를 돌보는 데 대해서 논하였는데 다음에 부모가 자녀를 돌보는 데 대해서 알아보고자 한다.

부모의 자녀 돌봄은 자유(慈幼, 어린 자녀를 사랑으로 돌봄)에 해당한다. 어리고 연소한 자녀를 애정과 측은지심으로 돌보는 부모의 의무를 수행하는 것이다.

부모는 자녀를 출산하여 양육하는 인생 최대의 은혜를 자녀에게 베푼다. 즉 아기를 출산해서 성인으로 성장시키는 오랜 기간에 걸쳐 양육, 사회화, 도덕성 개발 및 교육 지원을 해 나간다.

유교 경전에는 어린이에 관한 구절이 드물다. 그러나 조심스럽게 살펴보면, 어린 사람과 관련된 가르침이 은유적 또는 간접적으로 수록되어 있음을 알 수 있다. 특히 도덕성 개발과 관련된 것이다.

유교는 가족원의 도덕성 개발을 중요시한다. 어린이도 가족의 구성원으로서 도덕성 개발의 대상이 됨은 물론이다. 도덕성은 부모와 자녀 간의 상호 관계 속에서 싹튼다. 부모의 자녀에 대한 애정, 존중, 측은지심 및 서는 자라나는 자녀로 하여금 부모를 사랑하고 존중하는 친사회적(親社會的) 반응-도덕성-을 이루도록 이끄는 지렛대 역할을 한다(이희경, 2010: 161; 김인자 외, 2008). 이런 과정을 통해서 도덕성을 함양하는 결과를 가져올 수 있다.

도덕성을 갖춘 자녀는 장래 부모를 비롯한 가족원은 물론 이웃과 공동체 성원들의 삶의 질(質)을 고양하는 긴요한 역할을 하게 된다(김인자 외, 2008: 646).

퇴계는 "인(仁)은 만물을 낳고 살게 하는 마음이고 따뜻하게 남을 사랑하고 모든 것을 이롭게 하는 마음이며 측은한 마음"이라고 했다(『퇴계집』, 차자, 인설). 이 만물 속에는 어린이와 젊은이가 포함되어 있음은 자명한 일이다.

자녀는 가족의 중요한 구성원이다. 가족은 돌아가신 선조님, 생존하시는 부모님, 부모님 대를 이을 자녀, 앞으로 태어날 후손으로 이어지는 연속된 체계를 이루고 있다. 이 가족의 연속선 위에서 자녀는 연결고리 역할을 하는 불가결한 존재이다.

부모는 자녀를 조건을 붙이지 않고 사랑하며 돌본다. 자녀는 그들의 가장 귀중한 산물이기 때문이다. 자녀는 몸이 다를 뿐 그들(부모) 자신과 같다고 믿는다. 예술가가 작품을 완성하고서 그 작품을 자기를 재현한 것이라고 애착하며 소중히 여기는 것과 흡사하다. 아니 부모·자녀 간의 관계는 이보다도 훨씬 더 오묘하고 애절하며 절실한 것이다.

서양의 철학자들도 부모 사랑의 특수성을 지적하였다. 아리스토텔레스(Aristoteles)는 부모의 자녀에 대한 사랑은 바로 자신들에 대한 사랑이라고 했고, 헤겔(Hegel)도 자녀에 대한 사랑은 부부 자신들 간의 사랑과 같다고 했다.

이 선현들의 말은 부모와 자녀 사이에는 애정, 존중, 측은지심 및 서로 이루어지는 깊은 서로 돌봄 관계가 필연적으로 이루어짐을 시사한다.

한국 부모의 자녀에 대한 애정은 별나다.

한국의 부모·자녀 관계는 서양 사람들 사이의 개별적이고 독립적인 관계와 대조된다. 즉 한국의 부모·자녀 관계는 위에서 지적한 바와 같이 동일체감(同一體感, 같은 몸이라고 생각함)을 바탕으로 한다. 자식과 부모를 한 몸이라고 보는 생각이다. 이러한 생각에서 부모의 기쁨과 고통은 곧 자녀의 기쁨과 고통이며 그 반대 방향도 같다고 보는 것이다(최상진, 2012: 251).

흔히 한국 부모는 자식을 다섯 손가락에 비유하여 자식이 불행이나 고통을 겪을 때 부모는 자신의 손가락을 다쳐서 느끼는 고통으로 비유한다. 이는 부모·자녀의 동일체의식을 암시적으로 알려 주는 것이다.

혈통을 같이하는 데서 발생하는 깊은 정은 영아기-아동기에는 부모로부터 시작되나, 자녀가 자라나면서 사회화되는 과정에서 자녀가 고령화되는 부모에 대한 관심을 가지고 걱정하는 도덕적 심정을 마음속에 품게 되고, 이어 성인이 됨에 따라 이러한 심정은 부모·자녀가 서로 돌봄을 주고받는 관계로 진전하게 된다(김인자 외, 2008).

이러한 관계의 실례로서 다음의 3가지에 대해서 약술하고자 한다.

[보기 1] 출산 및 영아기 양육

[보기 2] 아동기의 도덕성 함양

[보기 3] 성장 과정의 지원

[보기 1] 출산 및 영아기 양육

어머니가 아기에게 베푼 10가지 특수한 돌봄을 들어보고자 한다(참조: 부모은중경 父母恩重經).

아기를 출산하기 전과 후에 어머니가 베푸는 말로는 다 표현할 수 없는 커다란 돌봄이다.

〈어머니가〉

1. 10개월간 신체적으로 어려움을 겪으면서 잉태한 태아를 배 속에 지켜 주신 은혜
2. 아이를 낳으실 때의 고생, 즉 뼈가 산산조각이 날 정도의 고통을 받으신 은혜
3. 태어난 아이의 울음소리를 들으시고 모든 고생과 근심을 홀연히 잊어버리시는 데 대한 은혜
4. 쓰고 맛이 없는 것은 자신이 먹고, 달고 맛이 있는 것은 뱉어 내어 아이에게 주신 은혜
5. 많은 양의 젖을 먹여 주시며 키워 주신 은혜
6. 아이가 대소변을 싸서 이불을 적시면 마른 데로 아이를 돌리고 자신은 젖은 곳에서 주무신 은혜
7. 아이의 대소변을 씻어도 더러운 냄새를 싫어하지 않으신 은혜
8. 자식을 위해 할 수 있다면 스스로 악업을 만들어 지옥에 떨어지는 것도 사양치 않으시는 은혜
9. 아이와 떨어져 있을 때 밤낮으로 걱정해 주신 은혜
10. 평생 자신의 몸을 바꾸어서라도 자식을 보호하려고 하시는 은혜

위와 같이 어머니가 아기를 잉태하여 출산할 때 겪는 심신의 고뇌와 희생은 이루 다 형용할 수 없을 뿐만 아니라 출산 후에

도 오로지 자식의 편의와 안전을 위해 자신의 몸을 희생한다.

이러한 돌봄을 베푼 부모와 돌보아진 자녀 사이에는 깊고 막중한 애정, 존중, 측은지심 및 서로 이루어지는 돌봄 관계가 자연적, 필연적으로 발생하여 지속된다.[8]

〈사회적 돌봄의 필요〉

현대적 시각에서는 적어도 다음과 같은 사회적 돌봄을 산모와 돌보미에게 제공해야 한다.

* 산전 및 산후 의료적 돌봄.
* 간호사와 돌보미가 산모를 단기간 돌보아 그가 필요한 의료적 및 일상적 돌봄을 받으며 고통과 스트레스에서 풀려나 안정되도록 함.
* 영양보호사가 산모의 건강을 회복하는 데 마땅한 음식을 섭취하도록 도움.
* 신생 유아 양육에 필요한 지식과 방법을 산모와 돌보미에게 전수함.
* 빈곤한 가정의 산모에 대해서는 해당 동회의 사회복지사를 통해서 산모와 신생아가 기초생활 보호를 받도록 함.

[보기 2] 아동기의 도덕성 함양

부모는 자녀의 도덕성 발달에 가장 커다란 영향을 미친다(이

---

8) 불교에서는 아버지의 은혜를 어머니의 이러한 은혜와 동등하게 보고 있음.

연숙, 2011; 김경희, 2003; 임진영, 2003). 아동의 성장(신체적, 정서적, 언어적, 인지적 및 사회적)을 도우면서 이들의 자신과 타인에 대한 지각을 발달시키고, 사회에 올바르게 적응하도록 바람직한 가치관과 사회적 기법을 배우도록 이끈다. 즉 아동이 자라나기 시작할 때부터 도덕적인 판단과 욕구충족의 기준을 세워 나가도록 칭찬하고, 타이르고, 벌을 주며 이끌어 나간다 (임진영, 2003; 김경희, 2003). 이렇게 이끌어진 아동은 효를 하는 마음의 싹을 품기 시작한다(이희경, 2010; 김인자 외, 2008).

이어 학교에서 도덕성을 개발하기 시작한다(김인자 외, 2008). 점차 법과 질서를 따르게 되고 맡은 바 임무와 책임을 수행하게 된다. 자신의 감정과 욕구를 조절하고, 다른 사람의 감정에 공감하며, 다른 사람의 욕구를 충족해 주기도 하며 친사회적이고 도덕적인 행위를 경험하고 배우게 된다(이희경, 2010; 김인자 외, 2008).

학교를 거쳐 넓은 사회의 일원이 되면, 사회 공동체의 법과 규칙을 준수하게 된다. 다른 사람들과 사회생활을 하는 과정에서 자기도 소중히 여기지만, 남도 소중히 대하는 공(뭇사람)을 존중하는 마음을 간직하게 된다(교육과학기술부, 2011-361호).

위와 같이 부모는 자녀의 발달 초기부터 도덕적 성품을 간직하는 데 이르기까지 필요 불가결한 역할을 한다(김경희, 2003; 임진영, 2003; 김인자 외 2004).

부모에 대한 효심은 이러한 부모가 제공하는 돌봄에 대한 자녀의 자연적인 반응이라고 본다(장현숙, 옥선화, 2015; 최상진, 2012).

〈사회적 돌봄의 필요〉

아동의 성장을 도우면서 바람직한 가치관과 사회적 기법을 배우도록 이끌어 도덕성 발달에 기여토록 하는 데는 부모를 위한 전문적 지도, 상담 및 교육이 필요하다. 저출산 시대에 귀중한 아동을 양육하는 데는 가족의 자체 돌봄과 함께 이러한 사회의 전문적인 돌봄이 함께 이루어져야 한다.

[보기 3] 성장 과정의 지원

위와 같이 자녀는 부모로부터 태어나서 애착기를 지나 친사회적(親社會的)이 되고 도덕성이 발달할 때까지 전적으로 부모의 돌봄으로 살아 나간다. 이때를 지난 뒤에도 독립된 가구를 구성할 때까지 노부모와 동거하면서 식사, 주거, 의복, 보건, 의료, 교육, 교통, 통신, 레크리에이션 등 생활에 필요한 다양한 부모 도움을 받으면서 성인으로 되어 간다.

우리 문화에서는 자녀가 이렇게 부모에게 의존하면서 부모와 동거하는 것을 당연한 생활관습으로 보고 있다. 이런 관습은 가족주의적이고 상호 의존적인 한국인적 성향의 발로라고 할 수 있다. 고등학교만 마치면 부모와 떨어져 사는 것을 자연적인 관행으로 삼는 미국인의 생활풍습과 대조된다.

자녀 양육은 부모가 책임져야 할 매우 커다란 과업이다. 이 과업을 수행하기 위해 부모가 지는 정서적 및 재정적 부담 또는 희생은 매우 크다. 특히 소득이 적은 계층의 경우가 그러하다.

다음은 자녀 양육을 위해 부모가 수행하는 책임과 부담에 대한 경험적인 자료이다.

두 가지 자료를 바탕으로 주로 물질적으로 돌보는 실례를 들어 보고자 한다. 이런 물질적 돌봄은 부모의 자녀에 대한 정서적 돌봄을 바탕으로 이루어질 수 있다.

(가) 출생에서 대학 졸업까지의 양육

부모가 자녀 한 명을 양육하기 위해 부담하는 비용을 살펴보고자 한다.[9]

출생에서 대학을 졸업할 때까지 드는 총비용이 2억 6천204만 원으로 드러났다(대한민국국회교육과학기술위원회, 2012: 한국교육비부담현황보고서, 2010년 기준).

양육단계별 지출액은 영아기(0-2세)는 2천466만 원, 유아기(3-5세)는 2천938만 원이다. 자녀가 학교에 들어가면 비용이 더 늘어나 초등학교(6-11세) 6천300만 원, 중학교(12-14세) 3천535만 원, 고등학교(15-17세) 4천154만 원, 대학교(18-21세) 6천812만 원이 되었다.

부모의 99%는 자녀의 고교 졸업을 책임져야 하고, 89%는 대학 졸업을 책임져야 한다는 가치관을 가진 것으로 나타났다.

---

9) 다음 자료는 연전에 발표된 것이어서 현재는 각 비용 항목에 걸쳐 증액되었을 것으로 추정함.

'취업 때까지 책임져야 한다'는 응답은 전체의 40%, '혼인 때까지'라는 응답은 28%였다.

김승권 보건사회연구원 선임연구위원은 "우리나라 부모는 자녀 양육에 과도한 책임을 지고 있다"고 했다(대한민국국회교육과학기술위원회, 2012년 10월 24일).

장기간의 생애 과정에서 위와 같은 양육비를 부모가 부담케 한 원동력은 곧 퇴계가 교시한 부모의 자녀에 대한 애정, 존중, 측은지심 및 서의 발현이라고 볼 수 있다.

(나) 성인 자녀를 위한 지원비

한국 노부모는 성장한 자녀에게도 재정적 돌봄을 제공한다.

한국보건사회연구원(2016)이 발표한 '가족형태 다변화에 따른 부양체계 변화전망과 부양분담 방안'(책임연구원 김유경)에 관한 조사에서 만 25세 이상 자녀를 가진 40-64세 부모 262명 중 39%가 성인 자녀에게 경제적 지원을 하고, 일상생활에서 도움을 주었음이 알려졌다.

부양을 받은 25살 이상 성인 자녀의 87%는 미혼이었고, 취업자 59%, 비취업자 28%, 학생 13% 등으로 나타났다. 이 자료는 다수 부모가 취업하고 있는 미혼 성인 자녀를 돌보고 있음을 알리고 있다. 이 부모들의 68%는 돌보아지는 성인 자녀와 동거하고 있었다. 1년간 성인 자녀 돌봄에 든 비용은 월평균 73만 7천 원이었다.

돌봄의 어려움으로는 돌봄비용 부담(39%)을 첫손으로 꼽았고, 그다음으로 자녀와의 갈등(30%), 개인 및 사회생활 제약 (10%) 등이 지적되었다. 67%는 1년 내내 성인 자녀에게 경제적 지원을 했다.

지난 1년간 성인 자녀에게 정서적 도움을 포함한 일상생활에 도움을 준 빈도에 대해서는 56%가 '거의 매일'이라고 답했다.

이상 실례(實例)는 노부모의 자녀 돌봄의 실상을 설명하는 경험적 자료이다.

이러한 돌봄 외에도 자녀는 성장 과정에서 다양한 유형의 크고 작은 물질적(재정적) 도움(예: 일용잡비, 교통비, 의료비, 레크리에이션비 등)을 수많은 횟수에 걸쳐 받았을 것이다.

다수 자녀는 성장한 뒤에 독립된 가구를 구성할 때까지 노부모와 동거하면서 계속 돌봄을 받는다.

〈사회적 돌봄과의 병행〉

가족 내에서 식사, 주거, 의복, 휴식, 위안을 포함한 가족적 돌봄을 받는 한편, 가족 바깥에서 교육, 보건, 의료, 상담, 교우 (交友), 운동, 교통, 레크리에이션 등 다양한 사회적 돌봄을 받는다.

3) 가족효의 확장: 친족 간 돌봄

고령의 부모에게 (성인 자녀와의 관계는 물론) 부부, 형제자매, 친척 그리고 가까운 친구와의 정다운 관계는 매우 긴요하다.

대개의 경우 고령자와 부부, 형제자매, 친척, 친한 친구는 감

정적 유대 관계를 갖고 기초적 욕구를 충족하기 위해 서로 의
존하면서 돌보아 나가는 경향이 짙다. 대다수 고령자와 성인
자녀가 별거하는 새 시대에는 친족 간의 서로 돌보는 유대 관
계는 절실히 필요하다.

이러한 관계는 가족의 돌봄 기능을 보완, 증진할 수 있다.

(1) 친족 돌봄 제공자

① 자녀

노년기에는 생존 그 자체를 위해 부모 자녀 간에 상호 의존
적 서로 돌봄 관계가 이루어진다.[10]

어려움을 당해 자기 능력으로 해결 못하는 병약한 노부모를
돌본다는 것은 어느 문화에서나 지켜야 할 윤리적 규범이다.
특정한 문화적 맥락에서는 노부모와 성인 자녀 간의 의존도가
더 높고 그러한 규범도 비교적 더 강하게 지켜지고 있다. 한국
을 포함한 동아시아 나라의 경우가 그러하다(조지현, 오세균,
양철호, 2012; 신용하, 2004; De Vos, 1988; Streib, 1987).

다수 노부모는 노년기에 건강을 잃고, 소득이 없어지고, 배
우자가 사망하고, 친구가 세상을 떠남에 따라 성인 자녀에게,
흔히 본의 아니게, 의존하는 처지에 놓이게 된다. 즉 여러 해에
걸쳐 자녀의 의존을 받아 주던 관계에서 그들에게 의존하는 처
지로 전환하는 것이다.

이들은 동거 및 별거하는 자녀로부터 경제적 지원(현금지원,

---

10) 앞서 제시한 '성인 자녀의 효행의 보기'를 참조하기 바람.

가사지원)을 받으며(56-60%), 간병·수발과 심리적 돌봄을 받고(34-71%) 있다(한국보건사회연구원, 2016). 이와 같이 다수 성인 자녀는 노부모를 위한 주된 가족효 실행자가 된다.

우리나라 고령자의 대다수는 자원해서 또는 본의 아니게 자녀로부터 다소간의 정서적 및 수단적 도움을 받고 있다(김미혜 외, 2015).

부모가 제공하는 돌봄에 전적으로 의존하며 자라난 성인 자녀는 이제 고령의 부모를 돌보는 역할을 수행하게 된다. 생애주기에 따른 돌봄 역할의 전환이 이루어지는 것이다.

새 시대에는 손자녀의 핵가족도 노부모의 핵가족과 사회적 망을 이루어 서로 의존하면서 서로 돌보아 나가고 있다(김영범, 박준식, 2004; 성규탁, 2017).

딸이 곤경에 빠진 병약한 부모를 자기 집으로 모셔 와서 마치 자기의 자녀를 돌보는 것같이 극진히 돌보아 이분들이 보람 있는 여생을 보내도록 한 가족효의 미담을 생각하게 된다(『효도실버신문』, 2018. 8. 13.).

② 형제자매

퇴계는 형제간 우의[悌]도 부모 자녀 간 효와 같이 인을 발현하는 덕목임을 밝혔다(『성학십도』, 인설). 퇴계는 "무릇 천하의 나이 많은 사람은 모두 나의 어른인데, 내 어찌 나의 형을 섬기지 않을 수 있겠는가"라고 하여 형제간 유대 관계를 중요시했다(금장태, 2001: 228).

형제자매 간의 윤리를 형우제공(兄友弟恭)이라고 하여 형은 동생을 우의로써 돌보며 아우는 형을 존중하고 따를 의무를 가르치고 있다.

그동안 인구 감소와 맞물려 형제자매 수가 줄어 형제자매 간의 깊은 정을 느끼지 못하며 자라나는 세대가 늘어나고 있다. 그리고 전통적 가족제도의 문제점이 깨끗이 가시지 않고 있다. 즉 남성우월주의, 출가외인 시각(여자는 결혼하면 시집에 소속되어 친정과의 관계가 멀어진다는 견해), 재산상속에 있어 딸을 차별하는 관습 등이다. 이러한 관습은 형제자매 간 서로 돌봄을 저해할 수 있다. 다행히 국가의 법적 조치와 새 시대 생활 패턴에 따라 이런 문제가 해소되어 가고 있다.

형제자매는 화합을 이루지 못할 경우가 있다. 예로 유산분배 문제로 대립하고, 연령 차이와 남녀 구별이 있고, 종교, 교육 및 직업의 차이가 생기게 된다. 그러나 이러한 대립, 차이 및 구별은 서로 간의 우애와 존중에 힘입어 조정될 수 있다.

고령의 형제자매는 어려움을 당하면 서로 돌보는 전통을 이어 간다. 생일 행사, 혼사, 졸업식, 기타 기념할 행사를 함께 축하하고, 장례, 조상제사, 성묘, 종친회 모임에 같이 참여하고, 질병, 사고 등 어려움을 당할 때 위문하고 돌보면서 친밀한 유대 관계를 다져 나간다. 가족효의 중요 부분을 이룬다.

③ 부부

부부 관계는 애정, 존중, 친밀, 상호 의존, 신뢰로 연결된 특수한 관계이다(이여봉, 2017; 이혜자, 김윤정, 2004). 노년기에 접어들면 부부간 서로 돌봄 관계가 더욱 중요하게 된다.

노부부는 함께 생의 만족을 즐길 뿐만 아니라 문제에 부딪히면 서로 위로하며 돌보아 나간다. 고령자에게는 동거하는 배우자가 주된 돌봄 제공자이다(62-82%)(권중돈, 2019). 은퇴기 행복의 높고 낮음은 상당한 정도로 부부간 서로 돌봄의 정도에 따라 결정된다고 본다.

배우자의 신체적 또는 정신적 손상은 심한 정신적 부담과 재정문제를 일으킨다. 이런 경우 가족 바깥의 사회적 돌봄으로 어려움을 극복하는 데 도움이 되는 돌봄서비스를 받을 수 있다.

노부모는 젊은 가족원으로부터 재정적 도움을 포함하여 교통편, 집수리, 장보기, 병원 방문 등을 위해 도움을 받는다. 한편 다수 노부모도 자녀에게 정서적 및 재정적 돌봄을 해 나간다. 자녀를 돌봄으로써 노부모는 성취감과 행복감을 가지게 된다.

대다수 노부모는 정기적으로 또는 자주 성인 자녀와 접촉한다. 부모와 자녀가 멀리 떨어져 사는 경우에도 서로 통화와 방문을 하고, 선물교환 및 재정지원을 하며 유대 관계를 이루어 간다.

다수 노부모는 자녀의 독립적 생활을 존중하는 한편 자신들의 취미와 활동에 힘쓰며 독자적 생을 꾸려 나간다. 시간이 나면 자녀들과 자신들의 장기요양, 긴급의료, 재산 처리 및 사후 장례에 대한 상의를 한다. 노부부가 건강이 나빠지고 인지능력을 잃게 되면, 먼저 가족원이 개입해서 돌보는 가족효를 행하게 된다.

④ 친척

노부모는 친척과도 돌봄 관계를 유지한다. 혈연으로 맺어진 내척 및 외척, 그리고 혼인으로 맺어진 인척에 속하는 친척이다. 친척은 노부모가 살아가는 데 힘이 되어 주며, 어렵거나 힘들 때 곁에서 가족효를 보완, 지원하는 중요한 자원이요, 힘이 된다.

가족주의적 친척 중시 태도가 여전히 퍼져 있다(최재석, 2009; 김영범, 박준식, 2004; 최연실 외, 2015: 38-39). 친척은 사회적 지원망을 형성하여 서로 돌봄 체계를 이룬다(김낙진, 2004: 48). 혈연으로 얽힌 친척이 서로 돌보는 집단을 이룬다는 것은 자녀와 별거하는 노부모・고령자에게 중요하다.

한국인은 친척과의 관계를 중요시한다(최재석, 2009; 권중돈, 2019). 이 관계에 관한 다음 사항에 대해서 모두 '매우 찬성' 또는 '찬성'하는 응답이 나왔다. 즉 '친척의 길흉사에 부조함', '어려운 친척을 돌봄', '중요한 결정을 할 때 친척과 의논함', '조상제사에 친척과 함께 참예함' 등이다(성규탁, 2017).

친척 간 서로 돌봄 관계는 우리 사회에서 오랫동안 지속될 것으로 본다(최재석, 2009; 성규탁, 2017).

친척은 위와 같이 가족효를 지원, 보완하는 힘이 된다.

⑤ 친구

형제자매와 친척이 노부모를 돌볼 수 없을 때 가까운 친구와 상조그룹, 동우회, 계모임 등으로 이루어진 비혈연적인 사회적 망이 돌봄의 손길을 뻗쳐 준다(김명일, 김순은, 2019). 이들은 정서적 지지, 충고, 안내, 정보제공, 물질적 원조, 필요할 때 친구가 되어 주는 것, 어려움이 있을 때 보살펴 주는 것, 전문적 돌봄서비스를 받도록 도와주는 것 등 노부모를 위한 돌봄서비스를 제공해 줄 수 있다. 이도 역시 가족효를 보완하는 역할이다.

(2) 별거하는 자녀와 가족효

다수 성인 자녀는 노부모와 떨어져 살고 있어 지리적 거리로 인해 가족효를 행하기가 어렵게 될 수 있다. 하지만 부모 자녀 간의 애정, 존중, 측은지심 및 서로 이루어지는 유대 관계는 강하여 떨어져 살면서도 여러 가지 대안을 찾아 가족효를 실행해 나간다(신용하, 2004; 권중돈, 2019).

한국의 다수 성인 자녀는 가족 행사와 명절에 고향을 찾아 노부모와 친밀한 유대 관계를 유지하는 관행은 가족효가 이루어지고 있음을 알려 준다.

성인 자녀의 주거형태를 두 가지로 나눌 수 있다. 하나는 가족원이 함께 사는 경우(동거)이고 다른 하나는 떨어져 사는 경우(별거)이다.

가족이라 함은 한 가구 내에서 부모와 함께 사는 또는 따로 사는 결혼한 아들과 며느리, 결혼한 딸, 미혼자녀, 손자녀로 이루어진 가족을 말한다. 달리 말하면 부모의 핵가족, 아들의 핵가족, 딸의 핵가족, 손자녀의 핵가족으로 이루어진 서로 돌보는 가족망이다.

혼자 사는 노부 또는 노모와 배우자하고만 사는 노부모 수가 많아졌다(보건복지부, 2014; 권중돈, 2021).

다수 성인 자녀는 직장, 교육, 결혼 생활 때문에 부모와 떨어져 산다. 부모도 살기 편한 곳, 경제적으로 살 수 있는 곳, 의료시설이 잘되어 있는 곳, 교통이 편리한 곳으로 옮겨 가며 자녀에게 폐가 되지 않도록 거리를 두어 사는 사례가 늘고 있다.

떨어져 살면 물리적 거리는 물론 사회적 거리가 생길 수 있다. 가족원들 사이에 접촉, 대화 및 손끝으로 하는 돌봄을 할 기회가 줄어든다.

하지만 (거리상으로 떨어져 살기는 하나) 대다수 성인 자녀는 노부모와의 감정적 유대가 강하여 발전된 교통·통신 수단을 활용하여 전화, 화상통신, 전자우편, 편지 그리고 방문을 해서 노부모와 접촉하며 정서적 및 물질적으로 돌보아 나간다. 형편이 여의치 않아 이렇게 하지 못하는 자녀는 친지 또는 돌보미가 돌보도록 하거나 복지시설에 위탁해서 돌보도록 해 나간다.

떨어져 사는 성인 자녀가 노부모를 돌보는 현황을 살펴보고자 한다.

떨어져 살아도 부모와 자녀가 서로 노력하면 바람직한 가족관계를 유지할 수 있다. 외국의 연구를 보면 부모 자녀 간의 친밀성, 애정, 의무감은 거리의 길고 짧음에 상관없이 지속될 수 있다(Climo, 1992). 거리는 접촉 빈도를 줄이기는 하지만 부모 자녀 간의 친함으로 이루어진 감정적 유대와 서로 돌봄 관계를 무너트리지는 못하는 것으로 보인다.

이 사실은 어릴 때부터 부모와 정이 들면 그것이 평생 변하지 않는다는 사실을 알려 준다. 앞서 논한 부자유친(父子有親)의 관계가 지속되는 것이다.

〈어려움의 극복〉

별거하는 자녀가 시골에 남아 있는 노부모의 주된 부양자인 경우가 많다. 별거하는 자녀는 부모와 전화, 이메일, 화상통신, 편지를 하거나 방문을 해서 접촉하고, 돈, 생활필수품, 선물을 보냄으로써 떨어져 사는 데 따른 어려움을 해소해 나간다.

〈전화 통화〉

전화가 제일 많이 사용된다.

전화는 서로가 얼굴을 맞대고 볼 수 없어 친밀하게 정을 나누는 데 한계가 있고, 흔히 짧게 이야기하기 때문에 노부모의 생활 전반에 걸쳐 알기가 어렵다. 하지만 자녀는 정기적 또는 수시로 통화하여 부모의 안녕을 살필 수 있다.

〈정기적 방문〉

부모를 명절 때, 가족 행사 때, 휴가 때 방문할 수 있고, 예정이 없이 방문할 수도 있다. 대개의 경우 하루나 이틀 머물며 부모와 숙식을 함께 하게 된다. 다행히 우리나라는 국토가 좁고 교통수단이 발달하여 하루 이틀 사이에 방문했다가 돌아올 수 있다.

먼 거리에 사는 노부모를 방문하는 데는 여러 가지 요인이 작용한다. 부모의 건강문제와 자녀 자신의 가족에 대한 책임이 작용한다.

방문하기 전 계획, 준비하는 것이 좋다. 자녀는 직장 사정을 감안해야 하고 노부모는 농사일, 지역사회 활동 등에 차질이 없도록 해야 할 것이다. 요사이는 방문하는 기간을 사전에 서로 조정하지 않으면 흔히 상대방에게 폐가 될 수 있다.

만나면 서로 적응하는 시간을 가져야 한다.

머무는 동안 부모 자녀 간 정서적 결합이 이루어지고 애정이 두터워지며 가족관계가 공고하게 된다.

방문이 끝나고 작별할 때 부모의 건강이 나쁠 경우 침울한 분위기 속에서 떠나게 된다. 작별의 슬픔을 다음 방문을 계획함으로써 잊어버리려고 한다.

〈부모의 건강과 자녀의 대응〉

부모의 건강은 별거하는 자녀가 가장 고민하는 문제이다. 노부모는 예고 없이 심신의 질환을 가질 수 있다. 부모가 급성질환에 걸리거나 위독할 경우 자녀는 긴급히 방문해서 일정 기간 부모와 함께 머물면서 대처할 수 있다. 부모가 정신질환을 가지거나 만성질환으로 장기간 고생하는 경우는 자주 방문할 필요가 있다. 자녀는 부모를 떼어 놓고 멀리 사는 데 대해 죄의식과 스트레스, 그리고 무력감과 좌절감을 가진다. 이뿐만 아니라 재정 부담이 늘고 직장 생활에 지장이 생길 수 있으며 부모의 오해와 서운함을 사게 되는 경우도 있다.

자녀와 부모의 관계는 서로에 대한 애정, 존중, 측은지심 및 서로써 도와주려는 소원으로 차 있다. 부모도 별거하는 자녀를 지원하는 경우가 많다. 교육비, 주택구입비, 재산 물려줌, 위로와 격려, 자문과 충고, 식료품 등을 자녀와 손자녀에게 제공한다.

이와 같이 물리적 거리로 인한 불편에도 불구하고 돌봄 관계는 대안을 찾아가며 지속되어 가족효가 이루어진다.

〈제공할 돌봄〉

떨어져 사는 자녀는 부모에게 수단적(물질적) 및 정서적(정신적) 돌봄을 고르게 하려고 애를 쓴다. 깊은 애정과 존중으로써 부모와 친한 유대 관계를 이루어 나가고, 용돈, 생활비, 선물, 기차·비행기표, 여비, 의료비, 주택유지비 등을 제공한다. 부모도 이러한 돌봄을 자녀에게 하는 경우가 많다. 퇴계가 교시한 부자자효(父慈子孝)가 이뤄지는 것이다.

이뿐만 아니라 가족 바깥의 사회복지사, 목사, 신부, 스님, 의사, 가까운 친구 및 친척과 교섭해서 이들로 하여금 필요할 때 부모를 돌보아 주고, 특히 부모가 위급할 때 의료시설로 이송토록 부탁할 수 있다.

부모의 어려움, 건강문제 등이 생길 때 자녀가 돌본다는 것은 당연한 의무이다. 이런 의무를 잘 수행하면 그것을 세상 사람들은 가족효라고 하는 것이다.

부모의 건강문제에 대해서는 미리부터 돌볼 태세를 갖추어야 한다. 그럼으로써 뒤에 오는 충격과 어려움을 줄일 수 있다.

부모가 불구가 되어 전문적인 간호와 지속적 치료가 필요하게 되면 보호 부양 능력이 있는 자녀의 집으로 옮기거나, 돌볼 사람을 고용해서 거택간호를 하거나, 전문요원을 갖춘 요양원에 입원토록 할 수 있다.

사회적 효를 받을 수 있게 하는 것이다.

〈종국 단계〉

별거하는 자녀는 부모를 위한 사회적 지원망을 개발해 두어야 한다. 지역의 사회복지사가 지원망의 일원으로 들어 있으면 그 지역에 있는 각종 사회적 돌봄을 위한 자원을 연결해 주는 역할을 해 줄 수 있다. 가족원과 지원망 성원이 정보를 나누고 책임을 분담하면서 간병과 치료 그리고 사망에 대비하는 작업을 진행해야 한다. 오늘날 의학은 사망까지의 시간을 연장하여 종말까지 일 년 또는 그 이상의 시간이 걸리는 경우가 많다.

효성스러운 자녀는 멀리 살면서 부모를 돕는 과정에서 부부 간의 불화, 재정문제, 직장문제 등 어려움에 부딪힐 수 있다. 이런 문제가 심할 때는 자녀도 상담, 치료 등 전문적인 사회적 돌봄서비스를 받아야 할 경우가 있다.

노인시설에 들어가는 것은 그 전에 가능한 모든 방법을 거친 뒤 더 이상 다른 대안이 없을 때 취하는 방법이다. 우리 사회에서는 노인시설에 들어가는 데 대해 아직도 저항이 있다. 그러나 지속적 간호와 치료가 필요한 부모를 전문 돌봄시설에 위탁하여 회복과 치유를 도모할 수 있고 이렇게 함으로써 자녀는 안도감을 가질 수 있다.

가족효의 표현은 정서적 감정만이 아니라 수단적 행동으로도 해야 한다. 효성스러운 자녀는 그렇지 못한 자녀에 비해 어려움이 닥친 부모를 돌보는 데 있어 결단력 있게 가족 바깥의 사회적 돌봄을 받도록 대처한다.

부모가 임종에 가까워지면 임종에 임하는 준비를 해야 한다. 우리 문화에서는 부모 임종 때 참여하지 못하는 자녀는 평생 죄의식을 느끼고 한으로 삼는다.

사망한 부모의 장례식은 자녀 평생의 가장 감동적이고 엄숙한 행사이다.

이와 같이 효성스러운 자녀는 멀리 떨어져 살면서도 부모의 생전과 사후에 걸쳐 정서적 및 수단적 돌봄으로 사회적 돌봄을 활용하면서 가족효를 실행해 나간다.[11]

(3) 동거하는 자녀와 가족효

전국적으로 고령자의 약 27%가 자녀와 동거하고 있다(한국보건사회연구원, 2017). 이 동거 숫자는 서양 나라들보다 훨씬 더 높은 편이다. 부모가 고령이 되어 의존도가 높아질수록 자녀와 동거하는 비율은 높아진다. 그리고 소득이 적은 가족일수록 이런 비율이 높아지는 경향이다(권중돈, 2019).

성인 자녀는 부모와 동거함으로써 별거하는 경우보다도 특히 수단적으로 돌보는 의무를 더 쉽게 수행할 수 있다. 고령이

---

11) 보기 1, 성인 자녀의 효행 참조.

되어 건강이 나빠질 때 자녀와 동거한다는 것은 곧 가족적 보호와 간호-가족효-를 잘 받을 수 있음을 뜻한다.

이런 경우 대다수 노부모도 자녀와 서로 돌보는 호혜적 관계를 이루어 나간다. 예로 자녀에게 격려, 위로, 상담, 충고를 해주고, 손자녀 지도, 아이 보아 주기, 가사 돌보기, 재정지원 등을 한다. 딸이나 며느리가 직장에 다니고 밖에서 일하는 경우에 부모(특히 어머니)는 그 집의 가사를 도맡아 보아 준다.

동거는 대개의 경우 성인 자녀와 노부모가 서로 돌보는 데 좋은 조건이 될 수 있다. 양편의 경제적 및 사회적 욕구·필요를 충족할 수 있기 때문이다.

그러나 동거를 바람직하지 않다고 보는 견해가 있다. 즉, 동거에 따른 문제-사생활 결여, 생활공간 부족, 재정 부담, 갈등과 충돌 등-가 있을 수 있다.

이러한 부모 자녀 간에 일어날 수 있는 혜택과 불편함을 고려할 때 결국 동거는 자녀와 부모가 의논해서 혹은 전문인의 상담을 받아 선택할 과제라고 본다.

부모·자녀가 동거하는 것은 주택 부족이나 경제문제 때문으로 보기보다는 존중·애정으로 이루어진 감정적 유대로써 가족효를 행하는 한국인의 문화적 관습 때문인 것으로 본다.

(4) 지원망 활용

노부모와 별거하는 성인 자녀가 많은 시대에는 사회적 지원망은 가족효를 보완하는 긴요한 방법이 될 수 있다. 이 방법으로 특히 자체 돌봄 기능이 약화된 가족의 효 기능을 보강할 수 있다(정경희, 강은나, 2016; 김영범, 박준석, 2004; Wenger, 2002).

대개 노부모 주변에는 때때로 또는 자주 도와주고 방문해 주며 심부름을 해 줄 수 있는 분들이 있다. 즉 친척, 가까운 친구, 이웃, 상조집단, 교회모임, 계모임 등이 노부모를 위한 지원망을 이룰 수 있다(김영범, 박준식, 2004; 성규탁, 1990).

부모가 위급할 때 도움을 받기 위해 제일 먼저 찾는 곳은 가족이다(성규탁, 2017). 다음으로 친척, 가까운 친구, 이웃, 상조집단을 찾는다.

시대적 변동으로 가족 이외의 돌보아 줄 사람들과 지원망을 이루어야 할 필요성이 커지고 있다. 가족과 친척 이외의 위와 같은 비친족으로 이루어진 지원망을 활용할 방안을 개발해 나가야 하겠다.

노부모가 필요로 하는 돌봄은 존중과 애정으로 관심, 안내, 충고, 말 상대와 친구가 되어 주는 것, 어려움이 있을 때 돌보아 주는 것, 전문적 서비스를 받도록 돕는 것, 정보 제공, 교통편 제공 등 다양한 형태의 정서적이며 수단적인 것이다. 이런 돌봄은 믿을 만하고 의존할 수 있는 지원망으로부터 받을 수 있다.

지원망은 사람들 사이에 연결되어 있는 서로 돌보는 인간관계의 망(網)으로서 가족효 기능을 보완할 수 있다(정경희, 강은나, 2016). 이런 점에서 지원망은 고령자의 복리 증진을 위한 유용한 수단이 된다.

다음과 같은 분들이 지원망을 구성할 수 있다.

* 현재 부모를 도와주고 있는 분
* 집안사람
* 부모와 자녀의 오랜 친구와 친척
* 가까운 동창생
* 부모와 자녀가 속하는 사회단체, 클럽 및 상조집단의 회원
* 가까운 이웃
* 자원봉사자
* 동사무소의 사회복지사
* 교회의 목사, 신부 및 신자, 절의 스님
* 부모의 담당 의사, 간호사 및 의료사회복지사
* 부모의 담당 변호사
* 부모와 자녀가 거래하는 은행과 보험회사의 담당 요원
* 기타 도움이 될 수 있는 분들

자녀는 노부모의 지원망을 이루는 위와 같은 분들의 주소, 전화번호, e-mail을 알아 두고 이들이 어느 정도로 노부모를 도와줄 의사가 있으며 어떠한 도움을 줄 수 있는가를 파악해 둔다. 이렇게 해 놓음으로써 앞으로 필요할 때 이분들에게 어떠한 도움을 요청할 수 있는가를 알 수 있다.

위와 같은 도움을 줄 수 있는 분들에게 자신의 전화번호, 집 주소, 이메일을 알려 주고 필요할 때 언제나 수신인 지불 방법

으로 전화를 해 달라고 청탁한다. 그리고 부모의 용태에 관해서 수시로 전화 또는 메일로 연락해 달라고 부탁한다.

그런데 떨어져 사는 노부모가 지원망을 아니 가지는 경우가 있다. 아는 분들이 세상을 떠났거나 다른 지역으로 이사를 간 경우이다. 이런 때에는 부득이 그 지역의 노인복지관, 사회복지관, 자원봉사단체, 상조회, 소속교회·사찰 또는 동·면사무소 사회복지사로부터 사회적 돌봄을 받도록 한다.

4) 가족효의 특성

위에서 논한 것과 같이 가족효의 기틀을 이루는 부모 자녀 관계는 부모와 자녀가 서로 애정, 존중, 측은지심 및 서로써 돌봄을 주고받는 관계이다.

이러한 관계는 노부모가 건강상태가 악화되거나 신체장애가 발생하여 독자적으로 거동할 능력을 잃을 때 심각한 단계에 이른다. 장애 정도가 심할수록 가족의 손길이 더 필요하게 된다. 예로 가장 힘든 간호가 필요한 치매 환자의 경우 친밀한 가족원(주로 자녀, 배우자)의 돌봄을 받는 사례가 많다. 존중, 애정, 측은지심 및 서로 이루어지는 극치의 효행이다.

우리의 가족은 위에서 논한 미증유의 변화에 부딪히고 있다. 하지만, 어려운 돌봄 역할을 다수 가족은 인간중시적 가치로써 가능한 한 자체적으로 담당해 나가는 경향이다. 즉, 병약한 노부모에게 가족효를 행하고 있는 것이다.

이러한 가족효는 친밀한 감정적 유대 관계를 이루는 '우리'

라는 가족 공동체와 연계된 맥락에서 이루어지고 있다.

가족효는 또한 다음과 같은 돌봄을 행하는 성향이 강하다.

예측할 수 없이 돌발적으로 일어나는 문제가 일어날 때 이에 직시 대응해서 면 대 면으로 돌보는 기능을 한다. 아울러 제공되는 가사 돌보기, 취사, 급식, 세탁, 목욕, 요양, 보호 등 개인별로 제공하는 잡다한 정서적 및 수단적 돌봄은 노부모의 삶을 유지하는 데 필요 불가결하다.

더욱이 가족효의 기틀을 이루는 부모 자녀 관계는 돌봄을 주고받는 서로에 대한 위무·책임을 수행하는 관계이다.

가족적인 감정적 유대가 우리보다도 약한 미국인들의 경우에도 장애 정도가 심한 노부모의 80%가 가족과 친족의 보살핌을 받고 있다(Doty, 1986; Connidis, 2009). 개인주의적인 사회에서도 이와 같이 가족이 장애를 가진 노부모를 돌보는 책임을 수행한다는 사실은 주목해야 할 일이다.

5) 가족효의 증진

위와 같이 행해지는 가족효의 중요함은 우리의 일상생활에서 역력하게 드러나 보인다. 이 효의 중요성을 다음과 같이 간추려 볼 수 있다.

* 인간중시적 돌봄(존중, 애정, 측은지심, 서로 돌봄)
* 자율적 돌봄(자진해서 자주적으로 돌봄)
* 개별적 돌봄(면 대 면 개별적으로 돌봄)

* 우발적 문제에 대한 돌봄(일상생활에서 예측할 수 없이 발
  생하는 잡다한 문제들을 풀어 나감)

가족효는 위와 같이 '인간중시적 돌봄'을 하는 데 사회효보다
앞선다. 우리 문화에서는 인간중시적 노부모 돌봄이 다른 문화
에 비하여 더 드러난다. 특히 부모 자녀 간의 서로 존중하며 돌
보는 효(孝)와 자(慈)의 원리에 따른 호혜적 관계가 유별나다.
이러한 가족효는 우리의 정문화(情文化) 속에서 자녀가 실행
하는 도덕적이고 윤리적인 행동이다.
하지만, 이 가족효는 제한점을 가지고 있다. 무엇보다도 노
부모·고령자가 필요로 하는 기술 중심적인 사회효(사회심리
적 및 보건의료적 돌봄)를 위한 전문적 기술, 시설 및 인력을
갖추어 다수 고령자를 돌보지 못하는 어려움이 있다.
이러한 제한점에도 불구하고 가족효는 노부모를 비롯하여
고령자, 어린이, 장애인 등 사회적 약자를 가족 세팅에서 인간
중시적으로 돌보는 중요한 역할을 한다.

6) 가족효를 보완하는 사회효

가족은 의존적인 노부모에게 기초적인 정서적 및 수단적 돌
봄을 제공하는 데 주도적 역할을 한다.
하지만 세대 간 별거, 부양자 수의 감소, 남녀의 생존 연한
차이, 이혼율 증대, 거주지 이전 등 변동 때문에 가족효를 행하
는 가족원 수는 점차 감소하는 조짐을 보이고 있다. 이러한 시

대적 변화의 맥락에서 상당수 가족은 과거보다는 노부모를 돌볼 의욕과 힘이 약화되는 경향이 없지 않다. 하지만 다수 가족은 가족 중심으로 서로 돌보는 전통적 관행을 대안을 찾아가며 유지, 지속하고 있다.

이러한 가치와 관행의 발현과 실행을 어렵게 하는 다음과 같은 요인들이 작용하는 것이 오늘의 현실이다.

예로 노부모의 신체적 및 정신적 상태가 심각하여 가족의 힘만으로는 돌봄을 계속하기 어렵거나, 매우 힘든 장기적 돌봄으로 가족원의 소진이 발생하거나, 노부모 돌봄을 에워싸고 가족원 간에 갈등과 대립이 있거나, 부모를 부양할 의지와 능력이 없거나 매우 약한 경우를 들 수 있다.

가족효를 어렵게 만드는 이러한 요인의 대부분은 가족원의 인간관계적 및 감정적 문제와 연관된 것으로 보인다. 이런 문제는 세금 감액이나 보조금 지급으로는 쉽게 해결될 수 없을 것으로 본다.

따라서 노부모를 돌보는 가족원의 감정적 스트레스를 감소하는 방안을 우선적으로 강구해야 하겠다(정순돌 외, 2009).

위와 같은 실상을 고려하여 가족효를 증진하기 위한 방안으로 적어도 다음과 같은 사회적 돌봄(사회효)을 해야 한다고 본다.

* 건강이 약화되어 심층적인 돌봄이 필요한 심장마비, 신체장애, 정신질환 등 병력을 가진 노부모를 돌보는 가족에 대한 의료적 지원, 요양보호 및 가사 돌봄을 제공함.

* 가족에게 돌봄에 관한 교육, 훈련, 상담을 해 줌.
* 치매 등 병환으로 장기적 돌봄을 요하는 노부모를 단기간·수일간 요양원·보호시설에 입원토록 하여 돌보미를 일정 기간 쉬도록 함.
* 친척, 친구, 이웃, 요양보호사, 자원봉사자가 노부모 돌봄을 단기간 대행토록 해서 돌보는 가족원이 과로와 스트레스에서 풀려나도록 함.
* 노부모를 부양하는 가족을 위한 가사 돌봄, 요양보호, 현금 지원, 세금감면, 일자리 제공, 교육 및 상담, 사회적 칭찬·포상 등을 촉진함.
* 젊은 사람들을 위한 효를 권장하는 교육과 상담을 하고 효행을 실행, 체험토록 하는 사회적 노력을 함.

가족효 기능을 저해하는 요인을 절감하기 위해서 위와 같은 돌봄 방안을 강구, 실행해야 한다고 본다. 이 방안은 사회효-가족 바깥의 돌봄-를 제공하는 것이다. 이렇게 함으로써 가족효를 보완, 증진할 수 있다고 본다.

이 방안은 곧 두 가지의 효를 연계, 종합해서 포괄적으로 효·경로효친을 이룩하는 접근이다.

다음 장에서 이러한 접근-사회효-에 관한 논의를 이어 가고자 한다.

제6장

사회효의 총괄

나라가 부유해지고 민주화될수록 고령자 돌봄에 대한 책임을 대사회가 더 많이 지게 된다. 즉, 사회보장제도하에 지방자치단체 지원으로 각종 사회복지조직(시설)과 민간단체가 공익을 위한 다양한 사회적 돌봄을 제공하며 전통적으로 가족이 해온 고령자 돌봄의 상당한 부분을 대신 행한다(보건복지부, 2022: 사회서비스공통업무안내).

하지만 이러한 사회적 개입-사회적 돌봄-은 부분적이며 완전하지 못한 경우가 흔히 있다. 지방자치단체의 재원 부족, 전문인력 부족, 돌봄시설 미비 등 이유와 고령자 측의 수혜 자격미달, 자비 부담능력 부족, 접근성 부족 등 까닭으로 돌봄이 필요한 고령자의 일부에게만 혜택이 제공된다.

어느 경우든 사회효는 가족의 자체 돌봄 기능을 빼앗거나 훼손하지 않고 이를 보완, 강화하는 방향으로 실행되어야만 한다.

1. 공(公) 사상과 실현

퇴계는 그의 저서에서 효를 확장하여 사회의 뭇사람을 위한 공(公)을 이룰 것을 거듭 역설하였다(『퇴계집』, 차자, 인설; 『성학십도』, 인설). 퇴계는 공을 인(仁)을 체득하는 방법이라 하여 중요시하였다.

퇴계의 공은 올바르고 너그럽게 사람을 사랑하고 존중하는 마음과 행동으로써 이웃과 사회 사람들의 복리를 추구하는 위민(爲民) 활동이다(도성달, 2012: 107).

가난하고 소외된 사람들과 고통으로 신음하는 사람들의 고난과 아픔을 자신의 고난이요, 아픔으로 여기며, 이들을 위한 인간중시적인 공을 위한 돌봄을 지향하는 것이 퇴계의 이상이라고 볼 수 있다.

퇴계는 다음 말로써 공의 중요성을 강조하였다.

> "공(公)은 하늘이 내린 도리[天理]를 따르며 사람의 욕심[人慾]을 나타내는 사(私)와 반대된다"(『퇴계집』, 서명고증강의).

위와 같이 공은 사사로운 사(私, 자기)를 극복하여 다른 사람을 사랑하며 나누어 가짐으로써 널리 베풀어 만민을 구제하는 윤리임을 밝혔다(『퇴계집』, 차자, 인설).

이런 윤리를 따라 나의 부모를 미루어 다른 사람의 부모를 섬기고, 나의 자녀를 미루어 다른 사람의 자녀를 사랑함으로써 인을 실현하는 노력이 나의 가족으로부터 이웃 공동체, 천하의 뭇사람 돌봄[爲公], 즉 대사회를 위한 효로 확장되는 것이다.

퇴계는 그의 사상을 집성한 『성학십도』에서 공을 거듭 창도하였다. 다음 말은 그의 공 사상을 더욱 구체적으로 알린다.

"천하의 파리하고 병든 사람, 고아와 자식 없는 노인, 홀아비와 과부는 모두 내 형제 가운데 어려움을 당하여 호소할 데 없는 자이다"(『성학십도』, 서명).

어려운 사람들-사회적 약자-은 나와 함께 공동체를 이루는 형제로서, 이들을 이타적 정신으로 돌보아야 함, 즉 공을 실행해야 함을 호소한 것이다.

퇴계의 공 사상은 아래와 같은 말에 더욱 깊이 담겨 있다.

"사심(私心)을 깨뜨리고 무아(無我)의 공도(公道)를 크게 열어 남과 나 사이에 틈이 없고, 털끝만 한 사심도 그 사이에 끼어들지 못하게 해준다. 그리하여 우리에게 천지가 한집안이고 온 나라가 한 몸이 되어, 가렵거나 아프거나 서로가 다 내 몸에 절실하게 느끼어 마침내 인도(仁道)를 터득하게 해 준다"(『퇴계집』, 경연강의, 서명고증강의).

퇴계는 위와 같이 공(뭇사람 돌봄), 즉 사회적 효의 기본 가치와 실행 방법을 가르쳐 주었다.

퇴계의 가르침에서 인(仁)을 발현하는 공(뭇사람)을 위한 돌봄, 즉 공익(公益)을 강조한 점은 이분의 사상의 기틀을 이룬다.[12]

---

12) 공(公)의 뜻을 한자 사전에는 '공평하다', '사심 없이 나누다', '함께 하다'라고

〈공(公)의 실현: 향약(鄉約)〉

퇴계가 공 사상을 사회 현장에서 실천에 옮긴 업적이 향약이
다. 향약은 조선 시대 향촌 주민의 상호부조(相互扶助, 서로 돌
봄)를 실행한 민간 주도의 사회적 복지사업-사회효-이다. 사회
적 계급을 초월하여 공평한 재정적 원조와 사회적 돌봄을 제공
해서 주민의 기초적 욕구를 충족한 위공(爲公) 사업이다.

이 사업의 기틀이 바로 퇴계가 창도한바 인을 발현하는 효
(孝), 제(悌), 공(公)을 애정, 존중, 측은지심 및 서로 실천한 인
간중시적 사상이다.

향약은 다음 7가지 공을 위한 돌봄 사업을 하였다. ① 구난
(救難, 화재나 도난 같은 갑작스러운 어려움을 당한 자 지원);
② 질병구제(疾病救濟, 병든 자를 돌보아 살게 함); ③ 고약부양
(孤弱扶養, 고아를 자립할 때까지 돌보아 줌); ④ 빈궁진휼(貧窮
賑恤, 가난하고 어려운 자에 대한 물질적 지원을 함); ⑤ 가취보
급(嫁娶普及, 어려운 가정의 아들딸을 출가하도록 도움); ⑥ 사
장조위(死葬弔慰, 초상을 당한 자에 대한 부조와 위문); ⑦ 사창
경영(社倉經營, 곡식을 저장하여 식량이 필요한 약원에 대여)

퇴계는 이러한 향약(鄉約)을 통하여 앞서 논술한 鰥(환) 寡
(과) 孤(고) 獨(독)의 어려움을 당한 향촌의 고령자를 위한 경
로 사업을 실행한 것이다.

하고, Wilkipedia 사전에는 'public'(公)을 'acting for the community as a whole'
(공동사회 전체를 위해서 행동함), 'being in the service of a community'(공동사
회에 봉사함), 'devoted to the welfare of the community'(공동사회복지에 기여
함), 'the people constituting a community'(공동체를 구성하는 사람들)이라고 하
였음.

위와 같은 경로 사업을 실행한 향약의 준칙은 조선 사회의 상호부조를 촉진하는 이념적 및 실천적 강령이 되었다(나병균, 1985; 정순목, 1990).

향약의 돌봄 사업의 틀은 이웃과 사회의 고령자를 비롯하여 아동, 장애인, 독신자, 빈곤자 등 향촌의 어려운 주민을 위한 포괄적인 사회복지적 돌봄을 제공한 도덕적이고 윤리적인 방법과 절차로 짜여 있다.

조선의 사회문화적 토양에서 생성한 위와 같은 인간중시적인 사회적 돌봄 실천의 모범은 오늘날의 경로효친(敬老孝親)과 고령자 복지에 관한 생각과 행동을 인도하는 지렛대 역할을 할 수 있다고 본다.

우리나라에서 역사적으로 (국가 제도권 밖의) 민간이 자발적으로 어렵고 딱하고 불쌍한 사람들을 도와주려고 사회효를 실행한 사례로서 여러 가지를 들 수 있다. 퇴계가 주도한 위의 향약(鄕約)과 아울러 효를 바탕으로 하는 민본사상을 정치질서의 이상으로 삼아 빈민구제를 창도한 정약용(丁若鏞)의 『목민심서(牧民心書)』에 담겨 있는 접근도 사회적 효의 사례로 들 수 있다.

오늘날 이런 민간의 사회적 돌봄 활동은, 다음 절에서 논하는 바와 같이, 규모가 크고 조직적으로 진행되는 '나눔 활동'으로 발전, 확장되어 기부, 자선, 사회봉사 등 시민이 자원해서 행하는 사회적 돌봄 활동으로 범사회적으로 진행되고 있다(강철희, 2020).

〈계(契)〉

계도 넓은 의미의 사회적 돌봄 범주에 속한다.

이웃과 지역사회 성원들의 인간적인 친목과 공제를 위한 자발적으로 이루어진 자치적인 소(小)집단 또는 그룹의 사회적 돌봄 활동이다.

부모의 회갑연을 위한 계, 혼례와 장례를 위한 계, 자녀의 장학을 위한 계, 사교를 위한 계, 농기구를 마련하기 위한 계, 화재나 홍수가 날 때 도와주는 계, 기타 마을의 공동 사업을 위한 계 등 계원들의 여러 가지 형태의 필요를 충족하기 위해 운용된다. 계원들이 물질적 자원을 모아 나가면서 각 계원이 필요할 때 이를 사용토록 하는 약정하에 조직된 모임이다. 즉 약원들이 힘을 모아 개개 약원을 도와주는 사회적인 돌봄이다.

역사적으로 오랫동안 조선인이 실행해 온 사회생활에서 지키는 윤리적인 규범이다.

퇴계는 향약 운용 방법의 일환으로서 계회입의(契會立議)를 운영하여 계가 향민의 공익을 촉진하는 데 필요함을 교시하였다(정순목, 1990: 334-335).

19세기에 조선에 와서 선교활동을 한 불란서인 천주교 신부 달레(Dallet, C. Charles)는 조선 사회의 계를 관찰하고 조선인의 상부상조의 인간애 정신과 관행을 높이 평가하여 다음과 같이 말을 남겼다.

"조선인의 커다란 미덕은 인간애 원칙을 선천적으로 존중하고 나날이 실행하는 것이다. … 여러 가지 동업조합(계 契)으로 특히 친족이 서로 보호하고, 서로 원조하고, 서로 의지하고, 서로 부조하기 위해 긴밀히 결합된 집단을 이루고 있는 것을 보았다. 그러나 이 동포감정은 혈족 관계와 조합(계)의 한계를 넘어서 확대되어 갔다. 상부상조와 타인에게 대한 후대는 이 나라 국민의 특성인데, 솔직히 말하여, 이런 특성은 조선인을 우리 현대문명의 이기주의에 물든 불란서인을 포함한 서양 국민들보다 훨씬 우위에 서게 하는 조건이 된다"(Dallet, C. C., 정기수 역, 『조선교회사서론』, 서울: 탐구당, 1966, p.227).

오늘날에도 우리나라 부락 사회의 생활풍습을 살펴보면, 여러 가지 방식으로 위와 같은 사회적 돌봄 방법이 실용되고 있음을 알 수 있다.

한집안 식구만으로는 감당하기 어려운 일은 마을 사람들이 힘을 모아 거들어서 치른다. 각자의 형편에 따라 노동력 또는 재력으로 어려운 사람들을 서로 돌본다.

이런 자주적, 자치적으로 행하는 사회적 돌봄은 남을 존중하고 사랑하며 돌보는 공을 실현하는 문화적 관행이다. 비법률적이고 비제도적인 민간의 자치적이고 자원적인 사회적 돌봄이다.

이 밖에도 민속적인 사회적 돌봄 활동의 유형으로서 '부조'(경조사에 돈, 물건, 노력으로 도와주는 것), '의연'(나의 재물을 내서 남을 돕는 것), '두레'(마을의 대소사와 어려운 이웃을 돕는 것), '품앗이'(상호부조를 하되 반대급부로서 협동, 부조 및 돌봄을 하는 것)를 들 수 있다.

계를 비롯한 부조, 의연, 두레, 품앗이는 지금도 우리나라 방방곡곡에서 실행되고 있는 사회적 돌봄 활동이다.

오늘날 이런 민간의 위공 활동은 규모가 크고 조직적으로 진행되는 '나눔 활동'으로 발전, 확장되어 기부, 자선, 사회공헌 등 국가 제도권 밖의 시민이 자원해서 행하는 범사회적 돌봄 활동으로 진행되고 있다. 이 모두가 사회적 돌봄-사회적 효-의 범주에 속한다고 본다.

이러한 민간의 상호부조적인 사회적 돌봄은 다음에 논하는 지방자치단체가 지원하는 공적인 사회적 돌봄과 함께 한국인의 고령자를 위한 사회적 돌봄을 이룩하도록 이끄는 귀중한 문화적 및 실용적 자산이 되고 있다.

2. 사회효를 뒷받침하는 사회보장

나라의 고령자 복지를 위한 공적인 접근을 사회보장을 위한 소득보장과 사회서비스로 대별할 수 있다.

소득보장은 사회보험과 공공부조로 이루어진다.

사회보험은 건강보험, 국민연금, 고용보험, 산재보험 등으로 이루어지고, 공공부조는 국민기초생활보장, 기초연금, 긴급지원 등으로 이루어진다.

사회보험은 이 공적 혜택을 받을 자격을 갖춘 고령자, 즉 일정 기간에 걸쳐 기정된 금액을 지불한 고령자가 수혜자가 되고, 공공부조는 지방자치단체의 재원으로 기초생활수급자를 포함한 생활이 어려운 고령자와 가족의 최저생활보장과 자립 촉진을 목적으로 제공된다.

사회서비스는 고령자, 아동, 장애인 등에게 주로 사회복지시설과 공익단체를 통해서 제공된다.[13]

하지만, 사회서비스는 사회보장기본법에 따라 사회적 돌봄이 필요한 모든 국민에게 복지 향상을 위해 제공된다. 즉, 지방정부(시, 군, 구)가 각종 사회복지조직(시설)과 공익단체에 위촉해서 제공되는 상담, 치유, 재활, 역량개발, 사회참여 등 다양한 돌봄서비스로서 인간다운 생활을 보장하고 삶의 질을 향상토록 지원하는 사회적 돌봄이다(보건복지부, 2022: 사회서비스 공통업무안내).

이러한 사회적 돌봄을 제공하는 주체가 공적인 보장기관(지방자치단체)이기 때문에 사적인 민간단체가 제공하는 사회적 서비스와 구별된다. 하지만 사회현장에서는 이러한 공적 돌봄과 사적 돌봄은, 돌봄서비스 프로그램의 규모와 범위에 차이가 있지만, 다 같이 병행되어 실행되고 있다.[14]

이 책에서는 이러한 사회보험과 공공부조를 받거나 받지 못하는 고령자를 포함하여 사회적 돌봄이 필요한 모든 고령자에게 제공되는 사회적 돌봄에 중점을 두고 논의하고자 한다.

---

13) 제한적으로 바우처를 통해서도 제공됨.
14) 사회복지 돌봄서비스 프로그램(program)이란 중장기적으로 실행할 돌봄서비스 활동 및 기법, 돌봄 대상 고객, 돌봄을 제공할 요원, 돌봄 세팅, 돌봄 기간, 돌봄을 위한 재정(예산), 달성할 목표, 목표 달성으로 이룩할 결과 및 결과 평가를 종합적으로 기획, 설정한 것임.

3. 경로효친(敬老孝親): 사회적 돌봄

나라의 법(노인복지법 법률 제11854호, 2013년 시행)이 지령, 창도하는 바에 따라 지방자치단체와 공인단체의 지원하에 대사회의 사회복지시설과 민간시설을 통하여 경로효친을 범사회적으로 촉진하고 있다.

고령자에 대한 존중과 돌봄-사회적 효-을 뒷받침하는 이러한 경로효친은 다음과 같이 실행되고 있다.

* 노인 돌봄에 대한 책임을 제1차적으로 가족이 져야 하나, 돌봄 능력이 없는 가족의 노인, 무의무탁한 노인, 오지의 노인에 대해서는 사회보장을 위한 돌봄서비스 제공.
* 노인의 소득보장을 위한 연금제도의 지속적 발전과 일자리 개발 등 각종 소득증진 사업 개발.
* 사회적 노인복지서비스의 개발 및 확충.

위와 같은 경로효친을 실천하는 나라의 의지가 다음과 같이 노인복지법에서 공식적으로 밝혀졌다.

제2조: (1) 노인은 후손의 양육과 국가 및 사회의 발전에 기여하여 온 자로서 존경받으며 건전하고 안정된 생활을 보장받는다, (2) 노인은 그 능력에 따라 적당한 일에 종사하고 사회적 활동에 참여할 기회를 보장받는다, (3) 노인은 노령에 따르는 심신의 변화를 자각하여 심신의 건강을 유지하고, 그의 지식과 경험을

활용하여 사회발전에 기여하도록 노력하여야 한다.

제4조: 국가와 지방자치단체는 노인의 보건 및 복지를 증진할 책임이
있으며 이를 위한 시책을 강구하여 촉진하여야 한다. 이어 노인
의 일상생활에 관련되는 사업을 경영하는 자는 노인의 보건복
지가 증진되도록 노력하여야 한다.

제34조와 제36조에는 경로당, 노인요양원 및 노인복지관에
관한 법규가 제시되어 있다.

위의 법규에 다음과 같은 준칙이 덧붙여진다.

* 노인복지를 위한 책임을 국가와 지방정부가 지되 노인복
지사업을 담당하는 자와 국민은 다 같이 노인복지증진과
경로사상 함양에 힘쓸 것.
* 국가와 지방자치단체는 노인에게 적당한 직종을 개발, 보
급하고, 노인에게 적합한 주거를 개발하고, 노인을 위한
교양강좌, 오락, 기타 복지증진을 위한 사업을 실시하고,
경로당, 노인교실, 기타 노인을 위한 사업을 지원할 것.
* 노인(건강하거나 건강치 못한)을 위한 단기 및 장기 양로
시설을 설립, 운용할 것.

이러한 법 제정에 잇따라 정부는 아래와 같은 경로헌장(敬老
憲章)을 국무회의 의결을 거쳐 공포하였다(1982년).

이 헌장이 담고 있는 중심적 가치는 경로효친-사회적 효-이다.

[경로헌장]

노인은 나라의 어른이다.

우리를 낳아 기르고 문화를 창조 계승하며 국가와 사회를 수호하고 발전시키는 데 공헌하여 왔으니 국민의 존경을 받으며 노후를 안락하게 지내야 할 분들이다.

우리는 고유의 가족제도 아래 경로효친(敬老孝親)과 인보상조(隣保相助)의 미풍양속을 가진 국민으로서 이를 발전시켜 노인을 존경하고 돌봄으로써 노후를 즐길 수 있도록 노인복지 증진에 정성을 다하여야 한다.

노인은 심신의 변화를 깨닫고 자신의 위치와 할 일을 찾아서 후손의 번영과 국가의 발전을 위하여 여생을 보내는 슬기를 보여야 한다.

우리는 아래와 같은 사항을 구현하기 위하여 다 함께 노력한다.

1) 노인은 가정에서 전통의 미덕을 살려 자손의 극진한 봉양을 받아야 하며 지역사회와 국가는 이를 적극 도와야 한다.
2) 노인은 의식주에 있어서 충족되고 안락한 생활을 즐길 수 있어야 한다.
3) 노인은 심신의 안정과 건강을 누릴 수 있어야 한다.
4) 노인은 자신의 능력에 따라 사회활동에 참여할 수 있어야 한다.
5) 노인은 취미 오락을 비롯한 문화생활과 노후생활에 필요한 지식을 얻는 기회를 가져야 한다.

위와 같이 가족, 사회, 국가를 위해서 기여한 고령자를 존중하여 경로효친을 행하고 이분들을 위해 합당한 공적인 돌봄을 제공해야 함을 법과 헌장으로 규정, 설정하여 대사회에 공포하였다.

고령자를 위한 사회적 돌봄의 실행을 약속하는 사회적 규약이다.

4. 넓어지는 사회효

1) 시민이 자원해서 행하는 사회효

사회효는 위와 같이 공적 제도를 바탕으로 제공되는 혜택과 어려울 때 제공되는 돌봄 서비스와 아울러 공익을 위해 시민이 자원해서 행하는 사례도 많다. 즉 시민이 자신의 시간, 재능, 노력 및 재력을 자원해서 염출하여 고령자를 포함한 사회적 약자를 돌보는 것이다. 이러한 돌봄의 대표적인 것이 개인, 집단 및 공익단체가 행하는 자원봉사와 공익 활동이다.

인간중시적 가치와 종교적 믿음으로 자발적이며 대가 없이 행하는 공(公)을 위한 사회적 돌봄, 즉 사회효이다.

이런 사회효의 예로써 고령자를 위한 노력봉사(청소, 세탁, 급식지원, 연탄운반, 환경정리, 직업재활 등), 직접봉사(산책동반, 책·신문 읽어주기, 목욕도움, 나들이지원, 용돈제공 등) 및 재능봉사(교육, 의료, 간호, 요양, 주간보호, 학대방지, 이미

용봉사, 도배-수리 등)를 들 수 있다. 아울러 급환, 재난, 사고
를 당한 고령자와 독거노인 및 부양자가 없는 고령자를 돌보
아 준다.

퇴계가 호소한 (앞서 논한) 환과독고(鰥寡獨孤)의 어려움을
겪는 고령자를 위한 위와 같은 사회봉사 활동이 이루어진다.

〈자원봉사의 인간중시적 돌봄〉

자원봉사는 봉사자 스스로의 마음에서 우러나는 도덕적인
정신으로 인간중시적 돌봄을 자율적으로 행하는 사회적인 효
이다. 게다가 자원봉사를 주재하는 단체와 집단이 이러한 인간
중시적 가치를 봉사자가 발현토록 권장, 지도하기도 한다.

다양한 사회적 배경을 가진 개인과 집단(대개가 공익단체에
속함)이 이러한 인도주의적 봉사활동을 전국에서 정기적 또는
수시로 행하고 있다. 나라가 부유해지고 국민의 사회복지에 대
한 관심이 높아짐에 따라 이런 사회 활동이 많아지고 있다. 국
내에서뿐만 아니라 세계 여러 나라와 문화권에 뻗어 나가 국제
적 봉사활동도 전개한다.

이 모든 돌봄 활동은 퇴계가 창도한 공의 실행이다.

2) 민간 사회효 활동의 확장

민간의 사회효 활동은 증가되는 추세이다. 기부 금액과 기부
자 수는 현저히 증가하고 있다. 사회 공헌으로 행하는 기부는
괄목할 만한 증가 추세를 보이고 있다(전경련, 사회공헌백서,

2016). 또한 다수 기업체가 참여하고 있다. 기업의 사회 공헌은 기업 자체의 인식 개선을 위한 목적도 있겠지만, 사회적 약자를 돌보려는 인도주의적 위공(爲公) 활동인 사회적 돌봄임이 분명하다. 개인이 하는 기부는 늘어나고 있다. 특히 한국인의 문화적 특성인 가족 중심의 비공식적 기부-경조사 부조, 이웃 및 지역 공동체를 위한 기부-는 생활수준이 향상됨에 따라 높은 수준에 달하고 있다(김형용, 2013).

이러한 한국인의 발전적인 사회효 활동은 지속적으로 확장되는 사회복지공동모금회의 실적을 보면 알 수 있다. 법정 모금기관인 이 위공단체는 우리 사회 각계각층의 개인 및 집단이 내는 기부금을 모아 전국 지역사회의 공인된 사회복지조직(시설), 단체 및 집단의 다양한 사회복지 돌봄서비스 활동-사회효-을 위해 배분해 주는 국내 최대 모금조직이다.

비영리 공익재단은 급속히 성장하고 있다. 아산사회복지재단, 삼성공익재단, LG복지재단, 인애복지재단, 인애동산, 자광재단, 우체국공익재단 등 전국 시, 군, 구에서 활동하는 4,500여 개의 대소 재단들이 그러하다.

종교단체의 기부 활동도 다대하여, 돌봄이 필요한 국내와 국외의 고령자, 어린이, 장애인, 미혼모, 다문화가족, 그리고 이북(북조선)을 포함한 발전도상국의 사회적 약자를 위해서 사회효 활동을 해 나가고 있다.

돈과 물질이 아닌 노력으로 하는 자원봉사 활동도 지역별, 직업별, 단체별로 전국에서 발전적으로 실행되고 있다.

아울러 논할 것은 한국의 국제 지원 활동이 여러 나라에서 진행되고 있는 사실이다. 한국의 정부와 민간이 다년간 규모가 큰 국제적 돌봄 활동을 아프리카, 남미, 중동, 동남아시아, 북한 등의 발전도상국에서 실시해 오고 있다. 정부가 지원하는 한국국제협력단(KOICA)을 비롯한 지원단체들, 선명회, 어린이재단 등 민간 공익재단이 발전도상국에서 행하는 돌봄 활동은 국제적으로 호평을 받는 국제적, 사회적 돌봄 활동이다.[15]

이러한 바람직한 현상은 한국인이 국내외에서 공을 위한 사회적 효 활동을 발전적으로 실행하고 있음을 예증하고 있다.

부자간·친족 간 친한 관계에서 시발 된 한국인의 효는 위와 같이 가족의 역할을 넘어 이웃, 대사회, 세계로 뻗어 나가 천하의 공을 위한 돌봄 활동으로 발전되었다.

퇴계가 교시한 효제공(孝悌公)의 현실적인 실현이다.

〈늘어나는 사회효 활동〉

위에 논한 바와 같이 사회효는 다양한 돌봄서비스 세팅에서 나라의 눈부신 경제성장에 힘입어 개발, 확장되고 있다.[16]

우리는 일생에 가족 바깥의 여러 사회단체(조직, 시설)가 제공하는 다양한 사회적 돌봄서비스를 받고 있다. 병원에서 출생

---

15) 세계기부지수(世界寄附指數)를 보면 한국인의 전반적인 돌봄 활동이 국제적으로도 높은 수준에 달하고 있음(World Giving Index, 2017). 세계 140개국들 중 한국은 '자원봉사'에서 18등, '기부'에서 35등을 차지함.

16) 시설과 단체가 제공하는 돌봄을 '돌봄서비스'라고 칭하겠음.

하여 의료 돌봄을 받아 나가고, 보육원에서 보호 양육되고, 학교에서 교육되고, 교회나 법정에서 결혼하고, 법률기관을 통해서 인권과 재산을 보호받고, 문화 및 예술단체로부터 위안과 기쁨을 얻고, 노후에 요양원에서 요양 보호되고, 자원봉사·공익단체와 사회복지시설로부터 여러 가지 돌봄서비스를 받는다.

이와 같은 다양한 사회적 돌봄서비스-사회효-를 제공하는 수다한 사회복지단체(시설)와 공익단체의 돌봄서비스 요원이 곧 사회효를 실행하는 돌봄 요원이다.

가족적 및 사회적 문제와 정신적 및 신체적 질환을 가진 고령자가 많아짐에 따라 이러한 돌봄 요원의 고령자를 위한 사회효 활동-상담, 치유, 교정, 요양, 재활, 구호, 생활 지원 등-이 개발, 확장되어 실행되고 있다. 신체적, 정신적 및 사회적 문제에 대해 심리적, 의료적, 사회적 및 사회환경 조성적 방법을 적용하여 개인, 가족 또는 집단에 제공되는 긴요한 사회적 돌봄서비스이다.

구체적으로 노부모·고령자의 소외문제, 고독문제, 건강문제, 역할 상실, 용돈문제 등을 해소하기 위한 돌봄서비스로서 일자리 개발, 직업 알선, 역할 부여, 노인 단체 활성화, 복지사업, 상담서비스, 경로우대 등과 같은 여러 가지 사회적 효를 행하는 사회복지 돌봄서비스 프로그램이 운영되고 있다(보건복지부, 2022: 사회서비스공통업무안내).

이러한 사회적 효 활동을 민관협업(民官協業)으로 사회복지조직과 공익단체가 운영하는 노인복지관, 노인요양원, 노인병원, 보건소, 치매요양원, 상담소, 재가복지센터, 노인일자리마련센터, 자원봉사센터 등이 현대적 기술, 기구, 장비, 시설, 통신, 교통수단 및 전문인력을 갖추어 실행하고 있다.

이러한 돌봄서비스를 제공하는 시설과 단체를 다음과 같이 구별해 볼 수 있다.

* 노인주거복지시설(양로 및 주거)
* 노인의료복지시설(요양)
* 노인여가복지시설(복지관)
* 재가노인시설(가정봉사, 주간보호)
* 노인보호기관(학대 예방)
* 공익단체(생활 지원, 가정봉사, 사회봉사, 일자리 마련)

위와 같은 가족 바깥의 돌봄 제공자가 행하는 사회효 활동이 없이는 가족효를 바람직하게 받지 못하는 노부모·고령자의 생의 질을 높여 복지를 유지, 증진하기가 어렵다.

덧붙일 사실은 사회효 활동이 확장되고는 있지만, 다수 노부모·고령자는 인간적인 친함과 정으로 행해지는 가족효를 선호하고 있다(이승호, 신유미, 2018; 성규탁, 2020). 이 사실은 이분들이 가족이 존중과 애정으로 제공하는 인간중시적 돌봄을 소원하고 있음을 시사한다. 앞서 지적한 바와 같이 고령자의 3분지 2가 내 집에서 노후를 보내기를 원한다는 사실이 이러한 소원을 예증한다.

하지만 사회효를 원하는 고령자 수는 해마다 늘고 있다. 이런 고령자 수는 2007년에 전체 고령자 수의 77%였던 것이 2013년에는 93%로 늘었다(통계청사회조사, 2008-2014). 이 자료는 고령자가 필요로 하는 돌봄서비스를 가족이 충분히 제공하지 못하며, 이분들의 사회복지 돌봄에 대한 정보와 지식이 늘었고, 고령자의 사회효에 대한 잠재적 수요가 늘어났음을 시사한다. 이 수요는 고령자의 연령, 성별, 교육 정도, 거주 지역에 상관없이 높다.

고령자는 건강, 수입, 고용, 주거, 여가, 인권, 지식, 교육, 사회참여, 죽음 대처 등에 대한 욕구를 가진다. 생활이 어려운 고령자의 이러한 욕구를 충족하는 과업을 위에 제시한 사회적 돌봄 조직(시설)과 공익단체가 수행한다. 다양한 유형의 사회효 활동이 이런 시설 및 단체를 세팅으로 전국의 시군구(市郡區)에서 실행되고 있다. 이 사회효는 가족효를 행하는 데 어려움을 겪는 성인 자녀와 가족에게 크고 작은 도움이 되고 있다.

사회보장제도가 발전도상에 있는 현재로서는 이런 사회적 돌봄을 일정한 수혜 자격을 갖추고 최저생활을 하는 고령자에게 우선적으로 제공하고 있다.

하지만 사회효의 필요성은 증대하고 있다. 사람들의 수명이 연장되고, 가족원 수가 감소하고, 직장을 가진 자녀가 늘어나고, 부모를 떠나 생활하는 성인 자녀가 많아짐에 따라 의존적인 노부모를 돌보는 가족적 효행이 줄어들고 있다. 게다가 독거노인과 부양을 받지 못하는 고령자가 많아지고 있어 이분들을 위한 사회적 돌봄의 필요성이 증대하고 있다. 바꾸어 말하면 약화되는 가족효 기능을 보완하기 위해 사회효의 필요성이 커지고 있는 것이다. 따라서 사회적 돌봄의 개발과 확장이 긴요하다. 퇴계가 역설한 공(公)을 위한 돌봄의 필요성이 드러나고 있기 때문이다.

5. 사회효: 사례

노인요양원과 노인복지관은 고령자를 위한 사회복지의 주축을 이루는 사회효의 대표적인 실행자이다. 그리고 경로당은 마을·동리의 고령자가 서로 돌보는 사회관계를 이루면서 생을 즐기는 여가시설로서 사회효를 행하는 이웃 복지시설이다. 이 3가지 돌봄시설을 가장 많은 노부모·고령자가 매우 자주 이용하고 있다.

다음에 3가지 사례-경로당, 노인요양원 및 노인복지관-가 제공하는 사회효 활동을 개략적으로 살펴보고자 한다.

[사례 1] 경로당
[사례 2] 노인요양원
[사례 3] 노인복지관

[사례 1] 경로당

경로효친의 문화적 전통을 이어 가는 한국 사회에서는 옛날부터 고령자가 쉬어 갈 수 있도록 곳곳에 노인정(老人亭)을 설치해 놓았었다. 이 노인정은 오늘의 경로당에 해당한다. 사회효가 행해지는 한 가지 세팅이다.

노인복지법(제36조)에 따라 설립된 노인여가복지시설로서 지역 고령자가 자율적으로 친목도모, 취미활동, 공동작업, 정보교환, 여가활동을 할 수 있는 장소를 제공한다. 전국에 6만 7,000여 개가 산재해 있다(2022년 현재). 동리·마을의 고령자가 모여 휴식, 오락, 면담, 회식, 운동, 학습, 작업, 봉사활동 등을 하며 서로 돌보는 사회관계를 이루면서 고독과 소외를 해소하여 생을 즐기는 매우 편리하고도 도움이 되는 소규모 이웃복지시설이다(박충선, 박은희 외, 2008).

이러한 경로당은 집 가까운 이웃에서 이루어지는 사회효 세팅이다. 다른 나라에서 볼 수 없는 한국 특유의 경로문화를 상징하는 시설이다. 지방자치단체(시, 군, 구)의 재정지원과 대한노인회의 부수적 지원 및 자문을 받으며 지역 내 자원봉사자의 도움도 받는다.

경로당을 활용하는 대다수 고령자는 70-80세의 여성이다.

경로당 운영 방식을 지도하는 대한노인회 당국은 경로당을 활용하는 남녀 수, 특히 남자 고령자 수가 예상만큼 늘지 않는다고 한다. 이러한 사태를 야기하는 주된 이유로서 다음 사항을 들고 있다.

고령자의 욕구와 필요가 달라졌고, 이분들의 학력과 건강수준이 높아졌고, 생활수준도 높아졌고, 남자 고령자와 여자 고령자의 취미와 욕구가 다르고, 여성 고령자 수가 훨씬 더 많기 때문인 것으로 보고 있다. 전에 있었던 동네 사랑방 이상의 발전되고 향상된 역할을 요구받고 있다(대한노인회, 2016). 새 시대 고령자의 사회효에 대한 욕구가 달라지고 있는 것이다.

〈개선을 위한 접근〉

이러한 변화는 고령자의 새 욕구와 필요에 대응하여 다음 사항을 개선해야 된다는 공론이 발생하고 있다(이창숙, 하정화, 2019; 유성호, 2009).

* 고령자가 관심을 갖는 다양한 활동 프로그램을 선정하여 이를 정기적으로 운영하되 지역 특성과 연령층 욕구에 맞도록 특화할 것.
* 여가활동의 방식과 내용을 향상, 현대화할 것.
* 경로당 문지방을 낮추어 여러 연령층에게 개방할 것.[17]
* 고령자의 모임을 인도하는 지도자가 필요한 것.
* 경로당 사업이 지방정부에 이관되어 국비지원이 중단되어 재정보조가 필요한 것.

---

17) 60대, 70대, 80대, 그 이상의 연령대 고령자 모두가 활용할 수 있도록 하여 연령 차를 두고 차별, 배척, 외면하는 문제가 발생하지 않도록 해야 함. 현재 이런 문제가 대다수 경로당에서 일어나고 있음(이창숙, 하정화, 2019).

위와 같은 어려움을 극복하며 이미 전국적으로 탄탄하게 이루어진 고령자 존중-경로-의 상징이자 공(公)을 위한 사회효의 실천장이며 나라의 문화적 자랑인 경로당 체계를 더욱 공고히 하여 지속적으로 개발, 현대화해 나가야 하겠다(유성호, 2009). 이를 위해 지방정부와 공동사회는 공 사상을 발휘하여 보다 더 많은 관심과 지원을 해야 한다.

이런 외부적 지원과 함께 내부적으로 고령 회원들이 서로 존중하고 사랑하며 화합, 협동하여 가족적인 돌봄 관계를 이루도록 인도하는 지도자가 필요하다는 공론이 우세하다(대한노인회, 2016). 퇴계가 창도한 존중·애정·측은지심·서를 실현토록 돕는 지도자이다.

[사례 2] 노인요양원

요양시설인 노인요양원은 노인복지법(제34조)과 노인장기요양보험법에 따라 치매, 중풍 등 노인성질환으로 심신에 상당한 장애가 발생하여 도움을 필요로 하는 고령자를 입소시켜 일상생활에 필요한 돌봄과 편의를 제공함을 목적으로 운영되는 사회적 돌봄시설이다.

이러한 목적에 따라 자립하기 어려운 병약한 고령자에게 무료 또는 저렴한 요금으로 급식, 간병, 물리치료, 신체활동, 주거활동, 24시간 보호 등 일상생활에 필요한 의료보호와 사회복지 돌봄서비스를 제공하는 사회효 실행 조직이다. 사회보장제도의 공적부조와 생활보호를 받는 기초생활수급자, 장애인, 독거노인이 주된 요양 대상자이다.

대다수 요양원은 관리자(사업주) 아래 3-4명의 계약직 요양보호사, 1-2명의 간호보조사, 1명의 사회복지사 등이 종사하는 소규모 조직(시설)이다(최재성, 2017; 정승은, 이순희, 2009; 편상훈, 이춘실, 2008: 261-287). 준의료시설, 통신정보처리장비, 온냉방시설, 안전장치, 운동기구, 교통수단 등을 갖추고 운영된다.

주된 인력은 요양·보호서비스 기술을 사용하는 요양보호사로서 매우 다양한 돌봄서비스를 제공한다. 사회복지사는 행사, 지역협동, 교육 등 외부활동을 하며, 돌봄서비스 프로그램 운영, 정보시스템 관리, 일당업무평가, 근무일지작성 등 내부 작업을 한다. 간호조무사는 만성질환으로 장기적 요양이 필요한 노인 입원자들을 위한 건강진단, 투약관리, 식사수발, 병원의뢰, 상담-교육, 욕창간호, 신체수발, 통증관리 등을 한다(이경자 외, 2004; 정승은, 이순희 2009).

모두가 취업 시험을 치르고 채용되어 조직 생활에 대한 훈련을 받고 직업 경험을 쌓고 있는 전문인 내지 준전문인이다. 이들은 문서화된 규칙, 위계적인 구조하에서 노입원자와의 정실관계에 구애되지 않고 효율적(경제적)으로 돌봄서비스를 행하는 경향이며 수행실적(소위 생산성)에 따라 보상을 받는다. 대다수는 고강도의 업무를 실행하고 있다(성기월, 2005; 김성희, 남희은, 박소진, 2012). 이직률이 높은 편이다.

하지만 가족적 효가 할 수 없는 전문인력과 기술, 장비 및 시설을 갖추어 행하는 필요성이 매우 높은 고령자를 위한 사회효 실행시설이다.

〈개선을 위한 접근〉

다수 요양원은 최소한의 돌봄 인력을 투입하여 최대 수의 노입원자를 위한 돌봄서비스를 경제적 실적(효율성)을 올리는 방향으로 운영되고 있다.

인력의 주축을 이루는 요양보호사가 제공하는 돌봄서비스의 유형은 다양하여 기저귀 갈기, 침구 정리, 식사 돌봄, 방 안 일, 배설 관리, 화장실 돌봄, 목욕, 오물 청소, 빨래, 이미용서비스, 환자 돌보기, 사회적응서비스, 나들이, 기록 작성 등을 포함한다.

노입원자의 일상생활의 여러 면에서 돌봄서비스의 균일화 또는 획일화 현상이 나타난다(이경희, 2016). 노입원자들 모두가 아침 6-7시에 기상하고, 저녁 10-11시에 취침하는 동안의 일과(교육, 운동, 여가풀이 등)는 시간적으로 미리 짜여 있고, 그동안에 제공되는 돌봄서비스와 고령자의 활동도 대체로 개별화되지 않는다. 취사 및 급식서비스는 현대적 주방시설과 식사 장소를 갖추어 전문요양사가 주관한다. 메뉴와 급식 방법이 문서화된 규정에 따라 작성된다.

준의료시설과 보호수용시설을 갖추어 기술적 케어를 하고 있다. 하지만 노입원자의 개인적 요구를 충족하는 데 역부족이다. 돌봄서비스가 균일화됨으로써 노입원자 개인의 선택권과 자율성을 보장하기가 어려워진다. 고령의 입원자는 변화와 회복을 하여 개발될 수 있는 주체로 보이지 않는 경우가 흔하다.

효율적(경제적)으로 운영하고 있지만 균일화되지 않은 돌봄서비스는 흔히 제공되지 않는다.

이러한 상황은 돌봄서비스 전달에서 발생하는 바람직하지 못한 '부당한 돌봄'이라고 볼 수 있다. 친함과 정으로 자율적으로 행해지는 가족효와 달리 법과 규정에 따라 타율적으로 행해지는 사회효의 제한점이다.

요약해서 요양원이 능숙하게 하는 것은 예측 가능하며 문서화된 순서에 따른 문제를 해소하는 기술적 돌봄서비스를 다수 고령자에게 균일하게 제공하는 것이고, 바람직하게 하지 못하는 것은 면 대 면으로 개별적 접촉을 하며 마음에서 우러나는 인간적인 정으로써 자율적으로 돌보는 것이다(김민경, 김미혜, 김주현, 정순돌, 2016).

〈가족적 돌봄의 필요〉

요양원은 노입원자를 위한 돌봄의 균일화를 줄여 개별화해 나가야 한다. 아울러 노입원자가 가족과 친근한 사람들과의 관계를 지속하도록 도와야 한다.

특히 가치적 측면에 많은 에너지를 투입해야 하겠다. 즉, 퇴계가 교시한 존중, 애정, 측은지심 및 서의 이타적 가치를 발현하며 보다 더 인간중시적으로 가족적인 돌봄을 실행토록 노력해야 한다.

[사례 3] 노인복지관

노인복지관은 고령자를 위한 종합 돌봄서비스 시설로서 노인복지법(제36조)에 따라 사회보장제도의 공적부조와 생활보호를 받는 고령자를 포함한 일반 고령자의 교양, 취미생활 및 사회참여를 위한 사회교육, 상담, 주간보호, 건강증진, 여가활동 등 돌봄서비스를 제공하여 고령자의 삶의 질을 높이고 복지를 증진하는 다목적 여가 복지시설이다(원영희, 모선희, 1998; 유영림, 김명성, 배영미, 2018; 허준수, 2018). 돌봄 대상자는 위와 같은 자격을 갖춘 해당 지역 내에 거주하는 고령자이다.

건강한 고령자를 위한 사회효의 대표적 실행시설이다.

위생시설, 통신정보처리장비, 온냉방시설, 안전장치, 운동시설, 교통수단 등을 갖추고 있다.

주된 인력은 사회복지사이다. 사회복지사는 급식을 비롯한 상담, 사회교육 프로그램(주 1회 열리는 미술, 음악, 교양, 건강, 운동 등에 관한 강의 또는 실습), 여가풀이, 자원봉사 등 업무에 배정되어 장소 준비, 인원 점검, 강사 보조, 업무평가, 정보시스템 관리, 근무일지 작성 등을 한다. 이런 내부 활동과 겹쳐 가족 방문, 자원봉사자 개발, 지역 협동, 교육 참가 등 외부 활동을 한다.

가족지원 서비스로서 상담과 방문을 하지만, 일부 복지관은 인력 및 전문화 부족으로 바람직하게 실천하는 데 어려움을 겪고 있다. 제한된 인력을 가지고 경제적 효율성을 올리기 위해 무리한 운영을 하는 경향이 엿보인다.

〈돌봄서비스의 특성〉

대형 복지관은 다양한 교육 프로그램을 운용한다. 미술, 음악, 영화, 비디오, IT, 교양, 운동, 레크리에이션, 자원봉사 등에 관한 강의, 실습, 실연을 한다. 이 교육 프로그램에 참여하는 회원들은 회비를 내고 필요한 도구, 장비, 악기 등을 자급한다. 이들의 대다수는 교육을 받고, 외모를 갖추고, 용돈을 가진 고령자들이다. 노회원은 일주일에 2-3번씩 내관하여 한두 가지 프로그램에 참여하고서는 귀가하거나, 도서실에 가거나, 낭하에서 점심시간을 기다린다.

〈개선을 위한 접근〉

일부 복지관은 인력 부족과 전문성 부족으로 개별화된 상담, 치유, 지도 등 전문적 돌봄서비스를 제공하기가 어려우며 돌봄서비스를 가능한 한 균일화한다. 일부 사회복지사는 사무적이고 테크니컬한 일에 몰두하여 본연의 전문적 사회복지 실천과는 거리가 있는 돌봄서비스 활동을 한다. 인력 부족에 따른 과도한 업무량으로 정서적 탈진이 생기는 경우가 흔히 있다. 이로 인해 돌봄서비스의 특성화와 전문화 그리고 인간화가 어렵게 된다. 사회복지사에 대한 처우 개선이 우선적으로 다루어져야 한다. 그럼으로써 복지관의 다목적 돌봄서비스의 효과성과 인간화를 이룩할 수 있다고 본다.

복지관도 요양원의 경우와 같이 퇴계가 교시한 공(公)을 실행하는 데 지켜야 할 가치적 측면에 에너지를 투입해야 하겠다. 즉, 인간중시적 돌봄서비스 조직으로서 존중, 애정, 측은지심 및 서로써 공을 위한 이타적 가치를 발현하도록 노력하는 것이다. 이러한 목표를 지향하여 가족적 돌봄의 장점을 도입, 적용하는 노력을 해야 하겠다.

6. 사회효의 윤리적 실행

한국, 중국, 일본을 포함한 유교문화권 나라의 윤리는 가족적 관점에서 그리고 인간 대 인간의 사회적 관계에서 근거를 찾는다(윤성범, 1975; 손인수 외, 1977; 김낙진, 2004: 62-63).

이런 인간적 관계란 퇴계가 교시한바 존중, 사랑, 측은지심, 서의 가치로써 인(仁)을 발현하는 관계라고 본다. 사회효를 실행하는 데 사회복지사 등 돌봄서비스 제공자가 지켜야 할 윤리도 이러한 널리 숭앙되는 가치를 바탕으로 정립되어야 할 것이다.

이 윤리는 사회복지사가 돌봄서비스를 제공하기 위해 접촉, 개입하는 개인, 집단 및 지역사회와 상호 관계를 유지하는 데 있어 반드시 지켜야 하는 원칙을 말한다.

전문직에 속하는 사회복지사 등 돌봄서비스 제공자가 지켜야 하는 다음과 같은 윤리적 원칙이 있다.

첫째, 돌봄 대상자(고객)를 존중하는 규칙이다. 즉 고객의 존엄성을 받드는 것이다.

제공자는 다양한 배경을 가진 고령자에게 돌봄서비스를 제공한다. 이분들에게 연령, 성별, 사회적 계층에 상관없이 공평하게 존중하며 위신을 세워 주고 관심을 가져 주어야 한다.

모습이 추하고, 몸에서 악취가 나고, 옷에 오줌을 적시고 있는 노고객에게도 화려한 화장, 비싼 장식을 하고, 고급 양복을 입은 고객을 대하듯 공평하게 존중하며 대해야 한다. 결코 개인적 느낌이나 감정에 따라 고객을 대하여서는 안 된다.

둘째, 고객의 자기결정권을 존중해야 한다. 어떤 고객은 자기결정을 하기 어려운 경우가 있겠지만, 사회서비스의 주목적은 어디까지나 고객 스스로 자기가 원하는 방향으로 결정을 하도록 가르치며 인도해 나가는 것이다.

정신질환자와 현실감각을 상실한 고령자의 자기결정권을 제한할 필요가 있으면, 법과 사회복지 전문직의 책임 범위 내에서 최소한의 제한을 하고, 곧 그 스스로 자기결정을 하도록 도와야 한다.

셋째, 고객과의 대화 내용을 비밀에 부치는 과제이다. 고객의 생활환경, 가슴속의 감정, 가족과 친구에 대한 정보, 건강, 재정, 종교, 성생활 등에 관한 정보를 엄격히 비밀에 부쳐야 한다. 이런 정보는 고령자의 동의와 기관정책에 의하지 않고서는 다른 사회복지사나 시설 또는 일반 사람이나 단체에 넘겨줄 수 없다. 오늘날 통신기술이 발전하여 사람들에 관한 정보에 쉽게 접근할 수 있게 됨으로써 개인의 사비밀과 비밀보장 문제는 매우 심각한 사회복지 전문직의 과제로 등장하였다. 어떻든 사비밀보장은 민주사회에서 개인 인권을 존중하는 의무이며 돌봄서비스 제공자가 지켜야 하는 기본적 가치이다.

사회효는 사회의 다수 사람들과 인간 봉사 전문직이 보편적으로 중요시하고 바람직하다고 믿는 위와 같은 일련의 윤리적 가치에 바탕을 두고 실행되어야 한다(인권, 2022).

사회효를 실행하는 데 지켜야 하는 윤리의 핵심적 준칙은 위에 언급한 고객의 존엄성, 결정권 및 사비밀을 존중하는 것이다(한국사회복지사협회 윤리강령, 2008).

이러한 준칙의 가치적 기틀은 곧 고령자에 대한 존중, 애정, 측은지심 및 서라고 본다.

퇴계가 역설한 이 가치가 돌봄 제공자의 생각과 행동을 인도해 주는 지렛대 역할을 하게 됨이 마땅하다.

7. 가족효를 보완하는 사회효

위에 논술한 사회효는 효·경로효친을 실행하여 노부모·고령자의 삶의 질과 복지를 증진함으로써 가족효를 보완, 증진할 수 있다. 노인복지법에 담긴 경로효친의 기본 취의도 가족의 효행을 권장, 지원하는 것이다.

이러한 두 가지 효가 상호 연계된 맥락에서 사회효는 가족효를 보완, 촉진할 수 있다. 즉 기술 중심적인 돌봄을 인간중시적인 돌봄과 종합함으로써 노부모·고령자에게 복합적으로 도움이 되는 바람직한 결과를 낼 수 있다. 이러한 포괄적 돌봄서비스를 가족의 노력과 사회의 노력이 병합되어 전달할 수 있다. 이런 서로 연계된 맥락에서 사회효가 바람직하게 실행되면 가족효도 바람직하게 수행되는 쌍발적인 효과를 낼 수 있다고 본다.

하지만 이러한 효과를 내기 위해서는 사회적 돌봄을 받는 노부모·고령자에 대한 가족의 끊임없는 애정, 존중, 측은지심, 서로 행하는 인간중시적인 돌봄이 필요하다. 예로 요양원과 같은 사회적 돌봄시설에 입원한 노부모·고령자에게 가족 성원은 정기적 또는 수시로 애정과 존중으로 방문, 통신 교환을 하고, 아울러 보청기, 안경, 기호품, 참고서 등 필수품 마련을 위한 지원을 해 나가는 한편, 시설이 제공하는 돌봄서비스가 이분의 사회적, 문화적 및 종교적 배경에 알맞은지 문의와 상담을 해 나가야 한다. 가족이 행하는 이러한 가족적 효는 시설에 입원해 있는 노부모가 받는 사회적 효를 보완하게 되는 것이다.

다음 장에서 두 가지 효를 연계하는 데 관한 논의를 하고자 한다.

제7장

가족효와 사회효의 연계

1. 가족효와 사회효의 공동 목표

두 가지 효는 각기 문화적 특성과 돌봄 방법으로서의 유용성이 특출하여 서로를 연계해서 실행할 필요성이 매우 크다.

효는 재언해서 노부모·고령자에 대한 존중, 애정, 측은지심, 서로써 돌봄을 제공함을 뜻한다. 경로효친도 역시 고령자를 위한 존중과 돌봄을 뜻한다.

가족효(가족 중심으로 부모님을 존중하며 돌보아 드림)와 사회효(사회적으로 고령자를 존중하며 돌보아 드림)는 다 같이 효와 경로효친을 실행한다. 다만 효를 행하는 주체와 실행 장소가 다를 뿐이다. 가족효는 가족(가정)을 세팅으로 하여 가족 중심으로 가족적인 유대 관계를 이루어 실행되며, 사회효는 사회복지시설과 공익단체가 기술, 장비 및 시설을 갖추어 전문직 돌봄 요원이 실행한다.

하지만 가족효와 사회효의 주목표는 동일하다. 즉 사회효는 노부모·고령자의 기초적 요구를 사회적 자원으로 충족하여 이분들의 복지를 증진하는 것이며, 가족효의 주목표도 역시 이분들의 기초적 욕구를 가족적 자원으로 충족하여 복지를 증진하는 데 있다.

가족효와 사회효는 각기 실행 방법상 차이가 있으나, 이와 같이 공동의 목표를 지향하며, 게다가 각자의 장점이 현저하여 서로 연계하면 서로의 약점을 보완하고 장점을 더욱 강화해서 다 같이 효·경로효친을 더 바람직하게 실행할 수 있다.

경로효친은 주로 사회복지단체(시설)와 공익단체가 실행한다. 하지만 이들의 힘만으로는 돌봄이 필요한 노부모·고령자에게 충분한 돌봄을 보편적으로 제공하기가 어렵다. 무엇보다도 재정적 어려움과 전문인력의 제한이 있기 때문이다. 이 때문에 가족효로 사회효를 보완, 증진할 필요성이 매우 크다.

전술한 바와 같이 선진 복지국가는 국가의 사회보장제도만으로는 국민의 늘어나는 복지 욕구를 충족하기 어려워져 가족이 자체 성원을 최대한으로 도와 나감으로써 재정적으로 어려워진 국가를 도와야 한다고 호소하고 있다. 국가만이 개개 시민의 복리를 다 충족할 수 없으며, 가족과 국가가 함께 힘을 합쳐 사회복지를 이룩해 나가야 한다는 것이다.

한국도 가족의 자체 돌봄 능력-가족효 기능-을 기르면서 사회적 돌봄 능력-사회효 기능-을 증진하는 양방향적 노력을 해 나갈 필요가 다대하다. 즉 가족효와 사회효를 종합하여 포괄적인 고령자 돌봄 체제를 이룩하는 것이다.

앞 장에서 두 가지 효가 실행된 사례를 들어 보았다. 이 사례에서 드러난 효의 실행 상황을 다음과 같이 요약할 수 있다.

1) 가족효의 실황

가족효로서 가족 성원이 일상생활에서 노부모와 존중, 애정, 측은지심, 서로써 친밀한 유대감을 가지며 식사, 의복, 세탁, 목욕, 휴식, 보호 등 잡다한 돌봄서비스를 제공하였다. 이 가족효 활동을 다음과 같이 간추려 볼 수 있다.

> "성인 자녀(효행자), 청년(대학생) 및 아동(초등학생)이 가족을 중심으로 부모를 존중하고 사랑하며 돌보아 드렸다. 특히 성인 자녀는 부모와 깊은 정실 관계를 이루며 이분들의 우발적인 잡다한 문제를 면 대면으로 해소하면서 인간중시적인 돌봄을 제공하였다."

아래 3가지의 가족효의 사례에서 위와 같은 돌봄이 이루어졌음을 알아보았다.

* 성인(효행자)의 노부모 돌봄
* 청년(대학생)의 부모에 대한 존중
* 소년(초등학생)의 부모에 대한 감사

이 실례에서 공통적으로 나타난 것은 노부모에 대한 존중과 돌봄, 즉 효의 전통적 가치의 실행이다.

성인 자녀(효행자)의 효행에서 제일 중요시된 것이 바로 부모 존중이고, 청년(대학생)도 역시 부모를 존중하였음이 드러났다. 그리고 소년(초등학생)은 부모에게 감사하는 마음(효의 실마리)을 표시했다.

부모에 대한 존중은 형제간 우애와 대사회의 고령자를 위한 공적 돌봄으로 확장되었다.

위와 같이 시대가 변하였음에도 노부모·고령자를 위한 가족 효는 대체로 전통적 가족윤리에 준거하여 이루어진다고 볼 수 있다. 다만 이 가족 중심 효의 실행 방식이 새 시대 생활 패턴에 맞게 비권위적이며 비차별적인 방향으로 행해지는 경향이 드러나고 있다. 즉, 효 실행의 밝은 면이 과시되고 있는 것이다.

하지만 젊은 사람들이 생활양식의 시대적 변화에 적응하여 이와 같이 노부모와 고령자에 대한 태도를 수정, 변화하는 과정에서 겪을 수 있는 갈등과 불협화를 해소하도록 도와주는 전문적인 돌봄서비스-사회적 돌봄-가 학교와 사회에서 제공되어야 한다.

2) 사회효의 실황

경로효친의 대표적 실행자인 사회복지시설-경로당, 노인요양원 및 노인복지관-을 들어 사회효의 실행을 알아보았다.[18]

* 경로당의 사회적 돌봄서비스
* 노인요양원의 사회적 돌봄서비스
* 노인복지관의 사회적 돌봄서비스

---

18) 시설이 제공하는 돌봄을 '돌봄서비스'라고 칭함.

이 3가지 노인복지시설이 실행한 경로효친-사회적 효-을 아래와 같이 요약할 수 있다.

"가족 바깥의 전문인(또는 돌보미)이 돌봄 장비 및 시설을 갖추어 다수 고령자에게 기술 중심적 돌봄서비스를 효율성 위주로 균일화하여 흔히 비정실적으로 제공하였다."

사회효를 실행하는 경로당은 동리·마을의 고령자가 휴식, 어울림, 회식 및 삶을 즐길 수 있도록 하고, 노인요양원은 자립하기 어려운 병약한 고령자에게 24시간 보호, 급식, 간병, 물리치료, 신체활동 등 일상생활에 필요한 돌봄서비스를 제공하며, 노인복지관은 사회교육, 상담, 주간보호, 건강증진, 여가활동 등을 위한 돌봄서비스를 건강한 고령자에게 제공한다.

이와 같은 사회효를 행하는 일부 조직은 고령자의 개인적 욕구를 개별화해서 충족하는 데 역부족이고, 이분들을 정실 관계를 떠나 단순한 케어 대상 케이스로 다루는 경우가 흔히 엿보이며, 돌봄서비스가 균일화되어 이분들 개개인의 선택권과 자율성을 보장하는 데 어려움이 있다. 이런 맥락에서 흔히 이분들을 변화, 개발될 수 있는 주체로 보지 않는 경우가 있다.

돌봄서비스를 균일화 및 비개별화 함으로써 효율적(경제적)으로 운영이 되고 있지만, 균일화되지 않은 돌봄서비스는 흔히 제공되지 않는다. 이런 사례는 사회복지 부문에서 발생하는 올바르지 못한 '부당한 돌봄'이라고 볼 수 있다.

이러한 일련의 어려움은 이 책에서 가장 중요시하는 돌봄서비스의 인간화, 인간중시적 실행이 필요함을 알려 주고 있다.

이런 어려움을 해소하기 위해서는 시설관리자가 돌봄 인력을 증강해서 돌봄서비스를 개별화하여 균일화를 낮추고, 노입원자의 선택권과 자율성을 보장하며, 이분들과 돌봄서비스 제공자 간의 상호 관계를 인간화해서 돌봄서비스 전달 방식을 수정해 나가야 한다고 본다.

요약해서 사회효가 잘하는 것은 예측 가능한 문제를 문서화된 규칙에 따라 기술적으로 해소하며 다수 고령자를 효율적으로 돌보는 것이다. 바람직하게 하지 못한 것은 돌봄 요원이 고령자와 면 대 면의 개별적 접촉·접근을 통해 정실 관계를 이루면서 인간중시적으로 돌보지 못하는 것이라고 볼 수 있다.

특히 돌봄의 가치적 측면을 고양하는 데 주력해야 하겠다. 즉 인간중시적인 돌봄 조직으로서 고령자를 존중, 애정, 측은지심, 서로 돌보는 내면화된 공(公)을 위한 이타적인 가치를 발현해야 하는 것이다. 이러한 필요성을 감안하여 사회적 돌봄은 다소간의 가족적 돌봄의 장점을 수렴, 적용할 필요가 있다.

2. 두 가지 효의 연계: 사례

〈소지역 중심 돌봄: 커뮤니티 케어〉

앞서 중국과 일본에서는 효·경로효친의 실행 방식으로서 가족적 돌봄과 사회적 돌봄을 연계하여 사는 집과 이웃에서 거택안락(居宅安樂)을 도모하는 재가복지(在家福祉)를 지향하고 있음을 지적하였다. 이러한 접근의 대표적인 사례로서 아래의 소지역 중심 사회돌봄 방법을 들 수 있다.

사회효와 가족효가 연계되어 종합적 돌봄을 제공하는 대표적인 보기로서 커뮤니티 케어(소지역 중심 돌봄 Community Care, 이하 CC)를 들 수 있다. 이 새로운 접근의 장점을 간략히 살펴보고자 한다(박병현, 2021, 13장; 복지저널, 2018. 10., 제122호).

CC의 특성은 돌보아지는 노고객과 돌봄서비스 제공자 간에 따뜻한 인간관계가 이루어지는 것이다. 인간중시적 가치가 CC 센터 안으로 녹아 들어가 (가족집단의) 노고객과 (사회적 돌봄 조직의) 제공자 사이에 애정과 존중으로 찬 상호 관계가 이루어지는 가운데 돌봄서비스가 제공되는 것이다. 퇴계가 창도한 가족적 돌봄-효(孝)-과 사회적 돌봄-공(公)-이 연계되는 것이다.

이 CC의 주목적은 돌봄이 필요한 고령자를 포함한 어린이, 장애인 등 사회적 약자가 집 가까운 낯익은 이웃(소지역사회)의 소규모시설에서 치유, 요양, 재활 및 사회서비스를 받을 수 있게 하고, 요양원, 병원, 보호센터 등과 같은 사회적 시설에서는 가족·이웃·지역사회에서 받을 수 없는 돌봄서비스를 받도록 하는 데 있다. 그러고는 이런 대규모 시설에서 (퇴원 후 갈 곳이 없어) 필요 없이 오래 머물지 않고 적기에 탈 시설(脫施設, 시설을 빠져나옴) 하여, 위와 같은 집 가까운 곳에서 가족, 친지, 이웃과 정다운 관계를 유지하면서 필요한 사회적 돌봄을 받아 나가도록 하는 꾸밈이다.

CC 체계하의 소규모 다기능시설에서는 고령자가 집에서 통원, 방문하지만, 숙박하면서 돌봄서비스를 받을 수도 있다. 입소자 개개인의 욕구에 맞추어 돌봄서비스를 꾸며 나가며 재활과 자립을 돕는다. 시설이 정한 규정에 수용자를 맞추는 식이 아니라 수용자의 개인적 상태와 생활 상황을 파악해서 그의 욕구에 맞추어 신축성 있게 대응해 나간다.

이와 같이 가족적 돌봄집단과 사회적 돌봄조직이 제공하는 두 가지 돌봄을 합쳐 운용되는데 이는 곧 가족효와 사회효가 연계된 것이다.

CC 체계를 운용하는 데 필요한 요원은 돌봄 담당자이다. 국내에서도 그렇게 되고 있지만 외국에서는 이 요원은 사회복지사이다. 다음 절에서 해설하는 바와 같이 사회복지사는 지역 내 독거 고령자와 고령 환자의 어려움을 파악하고, 상담을 해주며, 지역의 돌봄 자원을 동원해서 돌봄이 필요한 고령자와 연결해 준다. 고령자의 가족생활 실태를 파악하여 필요한 사회복지 돌봄서비스와 개호 돌봄-사회적 돌봄-을 두루 연계해서 제공한다. 개호 돌봄을 받지 않는 고령자도 수시로 방문하여 생활 실태를 파악해 나간다. 고령자의 요청이 있든 없든 고령자의 집을 찾아간다. 정기적인 방문은 방문간호사, 요양보호사, 자원봉사자 등과 협력해서 해 나간다.

앞으로 이렇게 내 집 가까운 낯익은 이웃에서 제공되는 인간 중시적인 가족적 돌봄과 기술 중심적인 사회적 돌봄의 두 가지

긴요한 돌봄이 연계, 조화된 종합적인 돌봄서비스로서 전국적
으로 확산될 조짐이다.

　사회복지사는 커뮤니티 케어를 활성화하는 데 주도적 역할
을 한다.

제8장

사회복지사의 연계하는 역할

국가 자격을 갖춘 전문인으로서 사회복지사는 어려움에 부딪힌 고령자, 장애인, 아동 등 사회적 약자를 위한 상담, 치유, 재활, 구호 등 돌봄서비스를 제공하는 역할을 한다. 사회복지 현장에서 다양한 직종의 전문인(의사, 치과의사, 간호사, 물리치료사, 약제사, 방사선치료사, 영양사, 요양보호사, 가족상담사 등)과 협력하는 팀을 이루어 최적한 돌봄 활동을 위해 여러 돌봄 직종을 조정하는 역할을 한다.

사회보장제도의 공적부조와 사회수당을 받는 생활이 어렵거나 자체 돌봄 능력이 없는 고령자에게는 빈곤, 질병 및 신체장애로 인한 사회적 및 경제적 문제가 발생한다. 사회복지사가 제공하는 돌봄서비스는 개인적, 가족적 및 사회적 조건을 조정, 개선해서 이런 문제를 해소하여 고령자가 바람직하게 생활하도록 잠재력을 길러 주는 사회효 기능을 한다.

사회복지사는 눈에 잘 띄지 않는 사회 저변에서 빈곤, 차별, 소외, 학대, 재난, 약물 남용, 가족문제 등의 어려움을 겪는 고령자에게 사회적 돌봄서비스를 제공한다. 즉, 사회효를 실행, 조정, 촉진한다.

전문적 돌봄 기법으로 사람 마음속의 심리적 작용으로 생기는 문제를 분석하여 치유, 해소하고, 사회환경이 문제 행동에 미치는 영향을 분석, 조정해서도 문제를 풀어 주며, 심리적 작용과 사회환경적 영향을 함께 조정해서 문제를 해소하기도 한다. 아울러 집단과 지역사회를 변화시킴으로써 보다 확장된 고령자 복지를 이룩하는 접근을 한다(양옥경 외, 2018; Gambrill, 1983).

사회복지사는 모든 사회복지 조직과 대부분의 공익단체에서 복무하고 있다.

이들은 특히 사회효와 가족효를 연계하는 긴요한 역할을 한다. 즉, 두 가지 효를 실행하는 가족 중심적 집단과 사회적 돌봄 조직 간의 소통과 교류를 촉진하고, 아울러 양측이 간직하는 돌봄에 관한 규칙과 절차를 서로 이해토록 하고, 돌봄에 관한 지식과 정보를 교환하도록 이끌며, 고령자의 욕구와 사회적 돌봄 조직의 정책과 실천이 조율되도록 한다. 이렇게 함으로써 두 가지 효가 공동 목표를 바람직하게 수행되도록 하는 데 이바지한다.

노부모를 돌볼 능력이 약하거나 없는 가족이 으레 찾는 이가 사회복지사이다. 이들은 사회복지 최일선에서 면 대 면으로 고령자에게 위와 같은 돌봄서비스를 인간중시적으로 제공한다. 이러한 인간적인 접근을 하면 노고객은 그에게 따뜻하고, 애정

어린 감정을 가지게 되며, 자연스럽게 긴장을 풀고, 부딪힌 문제로 인한 스트레스와 두려움을 해소하게 되고, 돌봄 과정에서 사회복지사와 협조적인 관계를 맺게 된다. 이런 관계를 이루는 것이 사회서비스 개입의 첫째 조건이다.

가족상담의 창시자 C. Rogers(1961)는 고객 중심적 접근을 하는 데 필요한 기법으로서 감정이입(empathy, 고객의 감정을 동감하고 나누어 가짐), 온정(warmth, 따뜻한 마음) 및 성실성(genuineness, 정성스럽고 참됨)을 들었다. 그는 이 3가지를 돌봄서비스 제공자가 갖추어야 할 필요조건이라고 지적했다.

이러한 조건은 퇴계가 교시한바 인(仁)을 지향하는 가치-존중, 애정, 측은지심, 서-와 상통한다고 볼 수 있다.

우리는 건강, 주택, 교통편, 일자리, 여가 돌봄, 고용, 세금감면 등 수단적 돌봄을 강조하는 경향인데, 정서적 돌봄에도 더 많은 관심을 기울여야 하겠다. 사회효를 받는 노부모・고령자는 정서적 및 수단적 돌봄이 모두 필요하다. 따라서 이 두 가지 돌봄을 연계할 필요가 있다.

이런 필요조건과 연관된 송복(1999) 교수의 다음과 같은 설명을 참고할 수 있다.

> "예(禮, 대인관계에서 지켜야 할 규범)는 외면적, 형식적으로만 지켜서 되는 것이 아니라 내면적으로 마음에서 우러나게 행해야 한다. 이 두 가지가 모두 조화, 균형 잡히어 합일의 상태를 이루어야 예가 이루어지는 것이다."

사회복지사는 이와 같은 규범에 따라 고령자에게 정서적 돌봄과 수단적 돌봄을 윤리적인 예(禮)를 지키면서 제공하는 것이 바람직하다.

이런 사회효 활동을 하는 사회복지사는 우리가 지향하는 복지사회의 기틀을 다져 국가 사회의 복리와 안정을 이룩하는 시멘트(접착제) 역할을 한다.

〈연계를 위한 활동〉

앞서 고찰한 일련의 사례에서 예증한 바와 같이 가족적 돌봄은 다소간의 사회적 돌봄을 필요로 하고, 사회적 돌봄도 다소간의 가족적 돌봄을 필요로 한다.

이 사실은 두 가지 돌봄-가족효와 사회효-의 상호 연계의 필요성을 한층 더 드러내고 있다.

이러한 긴요한 연계를 사회심리적 기법으로 촉진할 수 있는 전문인이 사회복지사이다.

사회복지사는 사회효를 받아야 할 고령자와 접촉하여 이분의 어려운 사정과 요구 사항을 파악해서 사회적 돌봄서비스를 제공하고, 더욱이 사회효 조직(시설)에 이 사항을 알리는 한편 사회적 돌봄을 신청, 활용하는 방법을 알려 주고 해당되는 시설에 의뢰를 해 준다.

이런 연계 활동을 통해서 사회적 조직의 장점인 기술 중심적 돌봄을 가족효 집단이 적기에 편리하게 활용토록 하는 한편, 가족효 집단의 장점인 인간중시적 돌봄을 더욱더 발전적으로 실행하도록 권장, 지원할 수 있다. 즉 양측의 장점을 균형 있게 연계해서 실현하도록 이끄는 것이다.

사회복지사는 다음 사항을 참조하여 이런 연계 활동을 소지역사회 중심으로 실행한다.

* 대상 소지역사회의 문화와 가치를 이해한다.
* 고령자와 친밀하고 존중하는 관계를 맺는다.
* 고령자와 개별적으로 접촉하여 문제를 개인별로 파악한다.
* 성인 자녀와 가까운 이웃도 접촉하여 노부모·고령자의 욕구를 파악한다.
* 저소득 고령자를 위한 개별적 또는 집단적 돌봄서비스 활동을 한다.
* 고령자와 가족에게 지역 내 사회복지조직(시설)과 공익단체가 제공하는 돌봄서비스에 관한 설명을 해 준다.
* 사회적 돌봄서비스를 신청하는 절차와 신청접수처를 알려 준다.
* 가족이 보유하는 자원(자조능력, 경제력, 가족·친척·이웃의 지원능력 등)을 파악한다.
* 고령자는 사회효와 함께 가족효를 필요로 함을 가족과 돌보미에게 설명한다. 아울러 정서적 돌봄(존중함, 사랑함, 마음을 편히 함, 관심을 가짐, 걱정을 들어 줌, 고독감을 해소함 등)과 수단적 돌봄(용돈 드림, 식사 시중, 건강 도움, 병간호, 가사 도움, 여가활동 지원, 의료 지원, 교통편

제공 등)을 함께 제공하는 것이 이분들의 삶의 질을 높이고, 복지를 증진하는 데 매우 주요함을 설명, 강조한다.

* 설명한 내용을 담은 인쇄물을 제공한다.
* 사회적 효행을 하는 조직(시설)에 대한 비판적인 의견도 귀담아듣는다.

사회복지사는 위와 같은 사항을 참조하여 가족효 집단의 장점 및 제한점과 사회효 집단의 장점 및 제한점을 대조하여 상호 조율, 보완하는 데 기여하고, 사회효 조직의 전문적 돌봄서비스를 가족집단이 편리하고 쉽게 적기에 활용토록 이끌고, 아울러 가족집단의 인간중시적인 돌봄을 사회적 돌봄 집단도 바람직하게 실행하도록 지도, 권장함으로써 두 가지 효의 기능을 연계하여 균형 있게 증진할 수 있다.

이 모든 활동은 사회복지사가 지켜야 하는 인간중시적 윤리강령을 준수하며 수행되어야 한다(한국사회복지사협회 윤리강령, 2008).

제9장

새로운 접근

크기가 작아진 가족은 떨어져 살면서 노부모와 고령자를 돌보아야 하는 어려움을 겪고 있다. 이런 어려움에도 불구하고 대다수 한국인은 대안을 찾아가며 이분들을 돌보아 나간다.

새 시대에 보편적으로 선용되는 대안으로서 부모의 핵가족, 아들의 핵가족, 딸의 핵가족, 손자녀의 핵가족이 서로 연계되어 서로 돌보는 지원망을 이루어 노부모를 돌보고 있다. 또 흔히 활용되는 대안으로서 떨어져 사는 성인 자녀가 발전된 교통·통신수단을 활용하여 정기적으로 또는 수시로 노부모를 방문, 접촉하며 정서적 및 수단적 돌봄을 제공한다. 또 다른 대안으로는 제3자(요양보호인, 간병인, 가사돌보미)를 고용하여 돌봄을 대행토록 한다. 이러한 방법으로 노부모를 바람직하게 돌볼 수가 없는 경우에는 가족 바깥의 각종 돌봄시설이 제공하는 상담, 치유, 요양, 간병, 보호 등을 위한 사회적 돌봄을 유료 또는 무료로 받도록 한다.

이렇게 돌보는 방법이 다양화되고 있으나 퇴계가 중시한 기본적인 가치-존중, 애정, 측은지심 및 서-로 실행되는 효는 예나 지금이나 다를 바가 없다.

〈개입상 유의할 점〉

대사회는 노부모·고령자가 자신의 돌봄 욕구를 충족할 수 없거나 충족하는 데 필요한 재원이 없으면 개입하게 된다.

독거노인, 병약한 장애노인, 심층적 돌봄과 간호가 필요한 고령자는 흔히 보호소, 요양원, 병원으로 이송된다. 이와 같은 심각한 사례가 아니더라도, 자체 돌봄 기능을 적절히 수행 못 하는 노부모와 고령자에게는 사회가 개입해서 돌봄서비스를 제공하게 된다.

이런 개입을 하는 데 있어 가족의 권리와 책임을 손상치 않고, 가족의 사생활과 자기결정을 존중하면서 접근해야 한다. 개입의 목적은 가족이 자체 돌봄을 위한 기능을 수행토록 지지, 보완하는 데 있다. 이러한 맥락에서 가족에 대한 불필요한 간섭을 하거나 가족의 고유한 돌봄 기능을 배척, 손상하는 접근을 해서는 아니 된다.

〈대안의 선택〉

대조적인 속성을 지닌 가족효와 사회효는 각기 공동 목표인 효를 실행하는 데 긍정적 영향을 끼칠 수 있고 부정적 영향을 끼칠 수도 있다. 따라서 아래와 같은 이 두 가지 효의 속성을 비교, 조정해서 노부모·고령자의 욕구와 필요에 알맞게 적용토록 협치하는 노력이 필요하다.

* 가족이 사적으로 하는 돌봄 대 사회가 공적으로 하는 돌봄
* 인간중시적 돌봄 대 기술 중심적 돌봄
* 소수를 위한 개별적인 돌봄 대 다수를 위한 균일화된 돌봄
* 마음에서 우러나는 정으로 하는 돌봄 대 정해진 법과 규정
  에 따라 하는 돌봄
* 자율적으로 하는 돌봄 대 타율적으로 하는 돌봄
* 가족 세팅에서 하는 돌봄 대 사회시설 세팅에서 하는 돌봄
* 우발적 문제에 대한 돌봄 대 일상적 문제에 대한 돌봄
* 고령자의 욕구와 필요에 맞게 하는 돌봄 대 돌봄 요원의
  욕구와 필요에 따라 하는 돌봄
* 소수를 위한 개별적 돌봄 대 다수를 위한 효율적 돌봄

위와 같은 대조적인 대안을 두고 노부모·고령자가 당면한 필요에 따라 돌봄서비스를 선택할 수 있다. 양자의 장점과 제한점을 저울질하여 노부모·고령자가 처해 있는 현황에 따라 최선의 대안을 찾는 것이다.

사회효를 행하는 시설·단체가 제공하는 돌봄의 유형과 내용이 다양하므로 위와 같은 대안을 참작하여 선택해야 할 것이다. 이런 선택을 하는 데 사회복지시설과 공익단체의 사회복지사를 포함한 돌봄 제공자의 도움을 받을 수 있다.

〈서로 돌보는 민주적 공동체〉

퇴계의 "부모는 자녀를 인자하게 돌보고 자녀는 부모에게 효를 한다"-부자자효(父慈子孝)-의 가르침은 노소 세대가 측은 지심과 서를 발현하며 공평하게 서로 애정으로 존중하며 돌보아야 함을 뜻한다.

이러한 방향으로 새 시대의 효의 실천 방법을 개발, 실행하는 과제가 우리 앞에 놓여 있다.

이를 위해 보편성 있는 전통적 가치-효-를 새 시대의 고령자 복지를 증진할 가능성이 짙은 가치로 재조명하여 이를 시대적 욕구에 알맞게 실천하는 노력이 필요하다.

가족적 효와 사회적 효를 상호 보완해서 실행하는 접근은 바로 이러한 노력의 일환이라고 볼 수 있다.

새 시대에는 권위주의적이고 차별적인 암(暗)의 패턴에서 공평하게 서로 존중하며 돌보는 명(明)의 패턴으로 변화되어야 할 것이다. 이런 변화의 맥락에서 효의 실천이 이루어질 때 개인, 가족 및 사회는 화합을 이루어 공동의 복리를 이룩하며 안정된 민주적 삶을 실현해 나갈 수 있다고 본다.

퇴계가 가르친 효를 실행하는 데 발현되어야 할 애정, 존중, 측은지심, 서의 가치와 아울러 홍익인간에서 발원한 인간중시적 가치, 그리고 정(情)은 한국인의 이러한 효·경로효친을 위한 접근을 하는 데 불가결한 이념적 기틀을 갖추어 준다고 믿는다.

〈고령자 돌봄의 인간화〉

앞서 살펴본 요양원, 복지관 및 경로당에서 사회적 돌봄을 실행하는 데 인간중시적 가치를 고양할 필요성이 있음이 드러났다.

이러한 필요성을 이 책에서 되풀이해서 제기하였다.

고령자를 위한 사회복지 돌봄은 어려움에 부딪힌 이분들을 인간중시적으로 보살피는 도덕적 기틀 위에서 시작되고 발전되어 왔다. 고령자 돌봄은 원초적으로 도덕적인 행위이다(이순민, 2021; Goldstein, 1998). 돌보아지는 고령자와 돌보는 제공자 간의 도덕성을 받들면서 이루어지는 인간중시적 노력이다.

퇴계의 다음 호소는 우리의 심금을 울리며, 고령자를 돌보는 데 발현되어야 하는 인간중시적 가치를 표상한다고 본다.

> "돌봄이 필요한 사회적 약자인 개인, 집단, 공동체의 어른과 어린이는 모두 나의 형제이며, 이들을 마치 나의 친족과 같이 사랑으로 돌보아야 한다"(『성학십도』, 인설).

퇴계의 인에 대한 다음 정의를 보면 그의 이러한 호소에 담겨 있는 이타적 동정심을 이해할 수 있다.

> "인의 마음은 따뜻하게 남을 사랑하고 모든 것을 이롭게 하는 마음이며, 사심 없이 이타적인 측은한 마음이다"(『성학십도』, 인설).

맺는말

1. 인간중시적 돌봄의 지속

효는 위와 같은 인(仁)을 발현함으로써 행할 수 있다. 인은 다시 말해서 퇴계가 교시한 4대 효행 요건(애정, 존중, 측은지심 및 서)으로써 발현할 수 있다. 이 일련의 가치는 모두가 인간중시적 고령자 돌봄을 가능하게 하는 우세한 힘이 된다.

이 가치는 돌봄 제공자가 돌봄서비스를 제공하기 위해 접촉, 개입하는 고령자와 상호 관계를 유지하는 데 지켜야 하는 윤리적 원칙이기도 하다.

이러한 가치는 홍익인간 이념에서 발원한 한국인의 인간중시적인 문화적 맥락에서 발현되며 한국인의 특성인 정이 깃들어 있다.

가족효를 행하는 소(小)가족은 위와 같은 인간중시적 가치를 자율적으로 발현하며 노부모를 돌보지만, 다수는 떨어져 살므로 생기는 지리적 거리로 인하여 자체 돌봄이 어려워진 데다 전문적 돌봄을 제공하기 어려워서 사회적 돌봄을 받게 된다.

한편 사회효는 법과 규칙에 따라 타율적으로 공익을 추구하며 전문성을 갖춘 돌봄을 행하지만, 돌봄 과정에서 위와 같은 가치를 바람직하게 발현하지 못하는 경우가 흔히 발생하므로 이를 수정, 보완하는 노력이 긴요하다.

이런 노력을 통해서 이 두 가지 효행을 연계하여 각자의 장점과 제한점을 상호 보완해서 가족과 대사회는 공동으로 보다 더 인간중시적인 고령자 돌봄을 제공할 수 있다.

2. 윤리적 인간사회 지향

효는 오랜 세월 동안 우리 겨레가 숭앙하며 실행해 온 인간중시적인 문화적 가치이다. 이 가치는 세대 간의 태도와 행위의 윤리적 적합성을 판단하고 조정하는 기준으로 여전히 기능하고 있다.

복지사회가 안정되게 발전하기 위해서는 다수 사람이 보편적으로 받드는 가치에 이념적 기틀을 두어야 한다(Titmuss, 1976; 이순민, 2016).

우리의 문화적 맥락에서 이러한 가치의 대표적인 것으로서 효를 들 수 있다. 동아시아 사회의 특유한 전통적, 문화적 가치이다.

한국인의 노부모·고령자 복지를 이룩하는 벅찬 과정은 진행 중이다. 이 과정에서 가족은 효의 가치를 새 시대에 부합되는 가치로 정립하여 인간중시적 돌봄을 지속하고, 사회복지를 추진하는 조직과 단체는 이 가치와 원칙에 기틀을 둔 사회적 효를 발전적으로 실행해 나가야 하겠다.

전통적 효의 어두운 면[暗面]과 밝은 면[明面]을 비교, 검토하여 조정, 개선해 나가야 한다.

이러한 노력으로 가족효와 사회효가 연계되어 새 시대의 노부모·고령자의 안녕과 복지를 증진하는 것이 이 책에서 추구하는 목적이다. 가족 중심으로 이루어지는 효와 커다란 사회가 주도하는 효가 협치되어 조화를 이룰 때 이러한 목표에 접근할 수 있다고 믿는다.

새 시대의 역동적인 사회환경에서 이 목표를 지향하는 데 대한 연구조사를 폭넓게 진행해 나가야 하겠다.

이러한 노력과 아울러 퇴계가 경(敬)을 이룩하는 요건으로 제시한 "참되고 건전한 윤리적 인간사회를 이룩하는 데 요구되는 자율적인 공동체 의식"을 발현해 나가야 하겠다.

효행장려법

효행 장려 및 지원에 관한 법률
[시행 2017. 12.] [법률 제15190호]

제1장 총칙

제1조(목적) 이 법은 아름다운 전통문화유산인 효를 국가차
원에서 장려함으로써 효행을 통하여 고령사회가 처하
는 문제를 해결할 뿐만 아니라 국가가 발전할 수 있는
원동력을 얻는 외에 세계문화의 발전에 이바지함을 목
적으로 한다.

제2조(정의) 이 법에서 사용하는 용어의 정의는 다음과 같다.

1. "효"란 자녀가 부모 등을 성실하게 부양하고 이에
수반되는 봉사를 하는 것을 말한다.

2. "효행"이란 효를 실천하는 것을 말한다.

3. "부모 등"이란 「민법」 제777조의 친족에 해당하는
존속을 말한다.

4. "경로"란 노인을 공경하는 것을 말한다.

5. "효문화"란 효 및 경로와 관련된 교육, 문학, 미술, 음악, 연극, 영화, 국악 등을 통하여 형성되는 효 및 경로에 대한 사회적 가치를 말한다.

제3조(다른 법률과의 관계) 효행의 장려와 지원에 관하여 다른 법률에 특별한 규정이 있는 경우를 제외하고 이 법으로 정하는 바에 따른다.

제4조(효행장려기본계획의 수립) ① 보건복지부장관은 관계 중앙행정기관의 장과 협의하여 5년마다 효행장려기본계획(이하 "기본계획"이라 한다)을 수립하여야 한다.

② 기본계획은 효행장려를 위한 환경조성 등의 사항을 포함하여야 한다.

③ 보건복지부장관은 「저출산·고령사회기본법」에 따른 저출산·고령사회기본계획을 수립할 때 기본계획을 포함할 수 있다.

제5조(효행에 관한 교육의 장려) ① 국가 및 지방자치단체는 유치원 및 초등학교·중학교·고등학교에서 효행교육을 실시하도록 노력하여야 한다.

② 국가 및 지방자치단체는 영유아어린이집, 사회복지시설, 평생교육기관, 군, 교도소 등에서 효행교육을 실시하도록 노력하여야 한다. <개정 2011. 6. 7., 2016. 2. 3.>

제6조(부모 등 부양가정 실태조사) ① 국가 및 지방자치단체

는 부모 등을 부양하는 가정에 관한 생활실태, 부양 수
요 등을 파악하기 위하여 3년마다 실태조사를 실시하
고 그 결과를 발표하여야 한다.

② 제1항에 따른 실태조사는 「노인복지법」에 따른 노
인실태조사에 포함하여 실시할 수 있다.

③ 제1항에 따른 실태조사의 실시 및 결과의 발표에 관
하여 필요한 사항은 보건복지부령으로 정한다.

제7조(효문화진흥원의 설치) ① 효문화 진흥과 관련된 사업
과 활동을 지원하고 장려하기 위하여 효문화진흥원을
설치할 수 있다.

② 효문화진흥원은 법인으로 한다.

③ 효문화진흥원에 관하여 이 법에서 규정한 것을 제외
하고 「민법」 중 재단법인에 관한 규정을 준용한다.

④ 효문화진흥원의 설치요건 및 운영 등에 관하여 필
요한 사항은 보건복지부령으로 정한다.

제8조(효문화진흥원의 업무) 효문화진흥원은 다음 각호의
업무를 수행한다.

1. 효문화 진흥을 위한 연구조사

2. 효문화 진흥에 관한 통합정보 기반구축 및 정보제공

3. 효문화 진흥을 위한 교육활동

4. 효문화 프로그램에 관한 개발 및 평가와 지원

5. 효문화 진흥과 관련된 전문인력의 양성

6. 효문화 진흥과 관련된 단체에 대한 지원

7. 그 밖에 보건복지부령으로 정하는 효문화 진흥과 관련된 업무

제9조(효의 달) 효에 대한 사회적 관심과 자녀들의 효 의식 고취를 위하여 10월을 효의 달로 정한다.

제10조(효행 우수자에 대한 표창) 보건복지부장관은 부모 등에 대한 효행을 장려하기 위하여 효행 우수자를 선정하여 표창을 할 수 있다.

제11조(부모 등의 부양에 대한 지원) 국가 또는 지방자치단체는 부모 등을 부양하고 있는 자에게 부양 등에 필요한 비용의 일부를 지원할 수 있다.

제12조(부모 등을 위한 주거시설 공급) ① 국가 또는 지방자치단체는 자녀와 동일한 주택 또는 주거 단지 안에 거주하는 부모 등을 위하여 이에 적합한 설비와 기능을 갖춘 주거시설의 공급을 장려하여야 한다.

② 국가 또는 지방자치단체는 제1항에 따른 주거시설의 공급자에 대하여 지원을 할 수 있다.

제13조(민간단체 등의 지원) 국가 및 지방자치단체는 효행장려 사업을 수행하는 법인·단체 또는 개인에 대하여 필요한 비용의 전부 또는 일부를 보조하거나 그 업무수행에 필요한 지원을 할 수 있다.

제14조(유사명칭 사용금지) 이 법에 따른 효문화진흥원이 아니면 효문화진흥원 또는 이와 유사한 명칭을 사용하지 못한다.

[국내]

강철희, 2020, 02, 「가구단위의 세속적 기부, 종교적 기부, 상호부조적 기부행동 간 관계의 영향요인 비교」, 『한국사회복지행정학』.

경제기획원, 2013, 「평균가족수」.

고범서, 1992, 『가치관연구』, 나남.

고춘란, 2014, 「중국 노인복지현황과 향후 발전과제」, (중국장춘공업대학교 사회보장학과 교수), 한림대학교 국제세미나발표문.

교육과학기술부, 2011, 「도덕과 교육과정」, 교육과학기술부 고시 제2011-361호 (별책 6).

권경임, 2009, 『현대불교사회복지론』, 동국대학교출판부.

권중돈, 2021, 『치매환자와 가족복지』, 학지사.

권중돈, 2015-2018, 『노인복지론』, 학지사.

권중돈, 2019, 『노인복지론』 (8판), 학지사.

권중돈, 2015, 『복지, 논어를 탐하다』, 학지사.

금장태, 2012, 『퇴계평전: 인간의 길을 밝혀준 스승』, 지식과 교양.

금장태, 2001, 『퇴계의 삶과 철학』, 서울대학교출판부.

김경희, 2003, 『아동심리학』, 박영사.

김낙진, 2004, 『의리의 윤리와 한국의 유교문화』, 집문당.

김동배, 2019, 『백세시대 시니어로 살기』, 도서출판소야.

김명일, 김순은, 2019, 「노년기 부모자녀 결속 유형과 삶의 만족에 관한 연구」, 『한국노년학』, 39(1), 145-167.

김미혜 외, 2015, 『재가노인복지 20년, 도전과 대응』, 노인연구정보센터.

김미혜, 권금주, 2008, 「며느리의 노인학대 과정에 관한 연구」, 『한국노년학』, 28(3), 403-424.

김민경 외, 2016, 「장기요양기관 요양보호사의 노인인권옹호행동 영향요인」, 『한국노년학』, 36(3), 673-691.

김성희, 남희은, 박소진, 2012, 「요양보호사의 직무만족이 서비스에 미치는 영향」, 『한국콘텐츠학회논문지』.

김시우, 2008, 『성경적 효 입문』, 다사랑.

김영란, 황정임, 최진희, 김은경, 2016, 『부자가족의 가족역량 강화를 위한 지원방안 연구』, 한국여성정책연구원.

김영범, 박준식, 2004, 「한국노인의 가족관계망과 삶의 만족도」, 『한국노년학』, 24(1), 169-185.

김은아, 이용남, 2012, 『퇴계의 교육적 자아실현연구』, 교육과학사.

김익기 외, 1999, 『한국노인의 삶』, 미래인력연구센터.

김인자 외, 2008, 『긍정심리학』, 물푸레.

김재엽, 1998, 「한국노인부부의 부부폭력실태와 사회인구학적 관계 연구」, 『한국노년학』, 18(1), 170-183.

김태환, 1982, 「사회학적인 견지에서 본 한국인의 국민성」, 『국민윤리』, 8, 정신문화연구원.

김형용, 2013, 「포용적 사회와 나눔문화의 현실, 한국의 나눔문화와 복지사회」, 아산사회복지재단.

김형효, 최진덕, 정순우, 손문호, 심경호, 1997, 『退溪의 사상과 그 현대적 의미』, 한국정신문화연구원.

나병균, 1985, 「향약과 사회보장의 관계」, 『사회복지학회지』, 7호, 21-50.

나은영, 차유리, 2010, 「한국인의 가치관 변화 추이」, 『한국심리학회지: 사회와 성격』, 24(4), 63-93.

남석인 외, 2018, 「사회복지사의 비윤리적 행위에 대한 대응책 개발」, 『한국사회복지행정학』, 20(4), 139-174.

노자(老子), 도덕경, 1989, 박일봉 역편, 육문사.

논어(論語), 1997, 이가원 감수, 홍신문화사.

대학-중용(大學·中庸), 1993, 이가원 감수, 홍신문화사.

대한노인회, 2016, 「경로당 활성화 실태조사」.

대한민국국회교육과학기술위원회, 2012, 『교육비부담현황보고서』.

도성달, 2012, 『윤리, 세상을 만나다』, 한국중앙연구원.

류승국, 1995, 「효와 인륜사회. 효사상과 미래사회」, 한국정신문화연구원.

맹자(孟子), 1994, 이가원 감수, 홍신문화사.

모선희, 2000, 「효윤리의 현황과 과제, 현대사회와 효의 실천방안」, 한국노인문제연구소.

문용린, 김인자, 원현주, 백수현, 안선영 역, 2008, 『성격감정과 덕목의 분류』, 한국심리상담연구소.

박문수, 2013, 「가톨릭 사랑 실천의 영성 '보는 마음'」, 『영성과 사회복지』, 1(2), 103-126.

박병현, 2021, 『사회복지정책의 논쟁적 이슈』, 양서원.

박병현, 2008, 『사회복지와 문화』, 집문당, 아산재단연구총서.

박수명 외, 1995, 『한국국민정신운동의 역사와 발전방향』, 집문당.

박종홍(朴鍾鴻), 1965, 「퇴계의 인간과 사상」, 국제문화연구소, 『世界』, 2권 4호.

박충선, 박은희 외, 2008, 『활력있는 노인사회 만들기 60+ Plan』, 대구경북연구원.

백낙준(白樂濬), 1963, 『한국의 현실과 이상』, 동아출판사.

보건복지부, 2022, 「사회서비스 공통업무안내」, 2022. 9. 보건복지부 차세대사회보장정보시스템구축추진단.

보건복지부, 2014-2020, 「사회복지시설관리 안내」.

보건복지부, 2007, 『노인학대상담사업 현황보고서』.

보건복지부, 「2014-2008년도 노인실태조사: 전국노인생활실태 및 복지욕구조사」.

복지저널, 2018. 10.(제122호), 「민·관협력으로 커뮤니티케어 완성하자」, 한국사회복지협의회.

성규탁 역, 1997(중쇄), 『사회복지행정조직론』, 박영사. [Y. Hasenfeld, Human Service Organizations, 1983, Englewood Cliffs, NJ: Prentice-Hall.]

성규탁 역, 1985, 『사회복지행정론』, 한국사회개발연구원.

성규탁, 1988-2003, 『사회복지행정론』, 박영사, [2판 8쇄].

성규탁, 1989, 「현대한국인의 효행에 관한 연구」, 『한국노년학』, 9, 28-43.

성규탁, 1990, 「한국노인의 가족중심적 상호부조망」, 『한국노년학』, 9, 28-43.

성규탁, 2000, 「노인을 위한 가족의 지원: 비교문화적 고찰」, 『사회복지』, 45, 175-192.

성규탁, 2005, 『현대 한국인의 효: 전통의 지속과 표현의 변화』, 집문당. (대한민국학술원선정 우수도서)

성규탁, 2013, 『부모님, 선생님 "고맙습니다"로 시작하는 효』, 이담북스.

성규탁, 2014, 『한국인의 세대 간 서로돌봄』, 집문당.

성규탁, 2016, 『효행에 관한 조사연구, 질적 및 양적 접근』, 지문당.

성규탁, 2017, 『효, 사회복지의 기틀: 퇴계의 가르침』, 문음사.

성규탁, 2019, 『부모님을 위한 돌봄』, 한국학술정보.

성규탁, 2020, 『새 시대 한국인의 효』, 한국학술정보.

성규탁, 2021, 『한국사회복지조직의 성장과 과제』, 한국학술정보. (대한민국학술원선정 우수도서)

성기월, 2005, 「무료양로-요양시설 간호사의 업무내용과 직무만족도」, 『지역사회간호학회지』, (3).

성서(The Holy Bible).

소학(小學), 이기석 역해, 2003, 홍신문화사.

손인수, 1992, 『한국인의 가치관, 교육가치관의 재발견』, 문음사.

손인수 외, 1977, 『한국인의 인간관』, 삼화서적주식회사.

손인수, 주채혁, 조각호, 조대희, 민병주, 1977, 『한국인의 인간관』, 삼화서적주식회사.

송복, 1999, 『동양의 가치란 무엇인가: 논어의 세계』, 미래인력연구센터.

송성자, 1997, 「한국문화와 가족치료」, 『한국사회복지학』, 32권, 160-180.

신용하, 2004, 『21세기 한국사회와 공동체문화』, 지식산업사.

신용하, 2000, 『한민족의 형성과 민족사회학』, 지식산업사.

신용하, 장경섭, 1996, 『21세기 한국의 가족과 공동체 문화』, 집문당.

신환철, 1995, 「인간화를 위한 관료제 개혁」, 『사회과학연구』, 21(95-2), 25-46.

안상훈, 2005, 「한국사회복지의 좌표」, 한국사회복지학회.

양옥경, 2017, 『사회복지 윤리와 인권』, 공동체.

양옥경 외, 2018, 『사회복지실천론』(5판), 나남.

엄예선, 1994, 『한국가족치료개발론』, 홍익제.

예기(禮記), 1993, 권오순 역해, 홍신문화사.

오석홍, 2016, 『인사행정론』, 박영사.

왕웬양(王文亮), 2011, 『中國之高齡者社會保障』, 日本東京: 白帝社.

원영희, 모선희, 1998, 「노인복지관에 관한 연구: 현황과 발전방안」, 『한국노년학』, 18(2), 64-79.

유민봉, 심형인, 2013, 「한국사회의 문화적 특성에 관한 연구」, 『한국심리학회지: 문화와 사회문제』, 19(3), 457-485.

유병용, 신관영, 김현철, 2002, 『유교와 복지』, 백산서당.

유성호, 2009, 「경로당 발전방안 탐색: 경로당 이용경험에 따른 노인들의 특성을 중심으로」, 『한국노년학』, 29(4), 1463-1478.

유성호 외, 2016, 「노인요양시설 입소노인에 대한 여성요양보호사의 폭력경험에 대한 탐색적 연구」, 『한국노년학』, 36(4), 1037-1058.

유영림, 김명성, 배영미, 2018, 「노인생활시설 사회복지 슈퍼비전과 발전방안에 대한 질적사례 연구」, 『사회복지행정학』, 20(1), 107–149.

유영익, 1992, 『한국근대사론』, 일조각.

윤경아, 이윤화, 2000, 「장애노인의 사회복지서비스 욕구에 관한 연구」, 『한국노년학』, 20(3), 77-91.

윤사순, 2016, 『퇴계선집』(14쇄), 현암사.

윤성범, 1975, 「동서양의 윤리(Ethics East and West)」, (M. C. Kalton, trans.), Seoul.

윤태림, 1970, 『한국인의 의식구조』, 문음사.

이경자 외, 2004, 「노인전문간호사의 역할」, 『노인간호학회지』.

이경희, 2016, 「요양시설노인과 요양보호사에 있어 식사의 의미」, 『한국노년학』, 36(4), 1157-1176.

이광규, 1981, 『한국가족의 심리문제』, 일지사.

이민태, 1998, 『한국인의 인성』, 교육과학사, 사랑을 모른다, 301-308.

이민홍, 정병오, 2020, 『사회복지프로그램개발과 평가』, 양서원.

이부영, 1983, 『한국인의 성격의 심리학적 고찰, 한국인의 윤리관』, 한국정신문화연구원, 227-269.

이상은(李相殷), 1965, 『퇴계의 생애와 학문』, 예문서원, 107-124.

이수원, 1984. 5., 「한국인의 인간관계구조와 정」, 『교육논총』, 1, 95-125.

이순민, 2021, 『사회복지 윤리와 철학』, 학지사.

이승호, 신유미, 2018, 「공적돌봄과 가족돌봄의 종단적 과제: 재가노인 돌봄을 중심으로」, 『한국노년학』, 38(4), 1035-1055.

이여봉, 2017, 『가족 안의 사회, 사회 안의 가족』, 양서원.

이연숙, 2011, 「체험주의의 초등도덕교육에 대한 함의연구」, 『초등교육연구』, 24(3), 51-72.

이이, 율곡전서, 국역, 1985, 한국정신문화연구원, 권 19.

이준우, 서문진희, 2016, 『재가노인복지, 재가노인을 위한 사회서비스』, 파란마음.

이중표, 2010, 『현대와 불교사상』, 전남대학교출판부.

이창숙, 하정화, 2019, 「경로당이용여성노인의 친구·이웃 집단따돌림 현상 연구」, 『한국노년학』, 38(3), 485-515.

이황, 윤사순 역주, 2014, 『퇴계선집』, 현암사.

이황(李滉), 이광호 역해, 1987, 『성학십도(聖學十圖)』, 홍익출판사.

이황(李滉), 장기근 역해, 2003, 『퇴계집(退溪集)』, 홍신문화사.

이혜자, 김윤정, 2004, 「부부관계가 노년기 삶의 질에 미치는 영향」, 『한국노년학』.

이희경, 2010, 『유아교육개론』, 태양출판사.

인권, 2022(7-8): 141, 국가인권위원회.

일본사회복지사윤리강령, 2006.

일본민법 IV, 친족상속법.

임진영, 2003, 「어머니의 양육태도와 아동의 자아개념이 아동의 대인관계에 주는 영향」, 『초등교육연구』, 16(1), 379-399.

임태섭, 1994, 「체면의 구조와 체면욕구의 결정요인에 대한 연구」, 『한국언론학보』, 32호, 207-247.

장성숙, 1999, 「한국적 상담의 필요성: 현실역동상담」, 『한국심리학회지: 상담과 치료』, 11(2), 19-33.

장현숙, 옥선화, 2015, 『가족관계』, KNOU Press.

장희숙, 박영자, 2005, 『가족: 개인중심적 가족관』, 학지사.

전경련(전국경제인협회), 2016, 『사회공헌백서』.

전주상, 배재영, 임재진, 채원호, 이종수, 2018, 『행정윤리론』, 대영문화사.

정경희, 강은나, 2016, 「한국노인의 사회적 연계망 유형」, 『한국노년학』 (3), 765-783.

정순돌, 2005, 『한국사회복지의 좌표』, 한국사회복지학회, p.88.

정순목, 1990, 『퇴계의 교육철학』, 지식산업사.

정승은, 이순희, 2009, 「노인요양시설 간호사의 실무경험」, 『간호행정 학회지』, 15(1), 116-127.

조지현, 오세근, 양철호, 2012, 「아시아 4개국의 노인부양의식 및 노인 부양행위에 관한 비교연구」, 『사회연구』, 통권 22호, 7-42.

조흥식, 김인숙, 김혜란, 김혜련, 신은주, 2021, 『가족복지학』, 학지사.

중용(中庸), 2008, 박완식 편저, 여강.

지교헌, 1988, 『한민족의 정신사적 기초』, 한국정신문화연구원.

채무송, 1990, 『퇴계·율곡 철학 연구』, 성균관대학교출판부.

최문형, 2004, 『한국전통사상의 탐구와 전망』, 경인문화사, 336-348.

최문형, 2000, 「동학사상에 나타난 민족통일이념 연구, 남북한 민족공 동체의 지속과 변동」, 『교육정책연구』, 2000-지-1, 교육인적자 원부, 111.

최상진, 2012, 『한국인의 심리학』, 학지사.

최상진, 김기범, 2011, 『문화심리학-현대한국인의 심리 분석』, 지식산업사.

최성재 편, 2012, 『고령화사회』, 서울대학교출판부.

최성재, 1989, 「경로효친사상과 노인복지」, 『한국사회복지학』, 13, 1-25.

최연실 외(15인), 2015, 『한국가족을 말한다: 현상과 쟁점』, 도서출판 하우.

최유정, 2010, 『가족정책을 통해 본 한국의 가족과 근대성 - 1948-2005 년까지』, 백문사.

최재석, 2009, 『한국의 가족과 사회』, 경인문화사.

최재석, 1983, 『한국인의 사회적 성격』, 개문사.

최재성, 2017, 『노인요양원과 문화변화』, 아산재단연구총서, 집문당.

통계청, 「장래인구 추계(1990-2021)」.

통계청, 「사회조사, 2008-2017」.

편상훈, 이춘실, 2008, 「울산광역시 노인요양시설 운영의 문제점과 개 선방안」, 『한국행정논집』.

한겨레신문, 2022. 8. 20.

한경혜, 성미애, 진미정, 2014, 『가족발달』, KNOU Press.

한국갤럽, 2011, 01 31, 「한국인이 효」.

한국노인문제연구소, 2000, 「현대사회와 효의 실천방안」.

한국노인문제연구소, 1985, 『한국효행실록』.

한국보건사회연구원, 전경희 외, 2012, 「2011년도 노인실태조사」.

한국보건사회연구원, 2017, 『가족형태 다변화에 따른 부양체계변화 전
망과 공사 간 부양부담 방안』(책임연구원 김유경).

한국사회복지사협회, 2011, 『윤리강령, 실천가이드북』, 2008, 한국청소
년개발원.

한상진, 2006, 『역동적 균형과 한국의 미래 3: 사회통합과 균형적 성장』
(공편), 나남.

한형수, 2011, 『한국사회 도시노인의 삶의 질 연구』, 청록출판사.

허준수, 2018, 「초고령사회에 대비한 노인종합복지관의 대응전략」, 한
국노년학회.

홍경준, 1999, 「복지국가유형에 관한 질적 분석」, 『한국사회복지학』,
38, 309-335.

효경(孝經).

효도실버신문, 2018. 8. 13.(제208호).

황진수, 2011, 『노인복지론』, 공동체.

[국외]

Beveridge Report (The), Social insurance and allied services, 1942.
CMD 6404, HMSD, London.

Bradford, D. L., & Burke, W. W., 2005. Organizational development.
San Francisco: Pfeiffer.

Chow, N., 1995. Filial piety in Asian Chinese communities. Paper
presented at 5th Asia/Oceania Regional Congress of
Gerontology, Hong Kong, 20 November.

Cicirelli, S., 2011. Psychology. Boston: Pearson.

Climo, J., 1992. Distant parents. New Jersey, Rutgers University
Press.

Cogwill, D. O., & Holmes, L. D., 1972. Aging and modernization.
New York: Appleton-Century-Crofts.

Connidis, I. A., 2009. Family ties and aging. Sage.

Dallet, 1966. 정기숙 역, 1966, 『조선교회사서론』, 탐구당.

Damon-Rodriguez, J. A., 1998. Respecting ethnic elders: A perspective for care providers. (In) R. Disch, R. Doborof, & H. R. Moody(Eds.), Dignity and Old Age. 53-72. New York: Haworth.

De Vos, G. A., 1988. Confucian family socialization: Religion, morality and propriety. (In) D. J. Okimoto, & T. R. Rohren (Eds.), Inside the Japanese system: Readings on contemporary society and political economy. Stanford University Press.

Dillon, R. S., 1992. Respect and care: Toward moral integration. Canadian Journal of Philosophy 22, 105-132.

Doty, P., 1986. Family care for the elderly, The role of public policy. The Milbunk Quarterly 64: 34-75.

Downie, R. S., & Telfer, E., 1969. Respect for persons. London: Allen and Unwin.

Du, P., 2013. Filial piety in the New Century China. Paper presented at The World Congress of Gerontology and Geriatrics. Seoul, Korea, 7.24.

Emmons, R. A., & McCullough, M. E., 2008. Thanks!: How practicing gratitude can make you happier. Boston: Houghton Mifflin.

Gambrill, E., & Gibbs, L., 2017. Critical thinking for helping professionals: A skill-based workbook. London: Oxford University Press.

Gambrill, E., 1983. Casework: A competency-based approach. Englewood Cliffs, NJ: Prentice-Hall.

Garvin, C. D., & Tropman, J. E., 1997. Social work in contemporary society. 2nd Ed. New York: Allyn & Bacon.

Ghusn, R. S., et al., 1996. Enhancing life satisfaction in later life. Journal of Gerontological Social Work, 26, 27-47.

Gibbard, A., 1990. Wise choices, apt feelings, Cambridge, MA: Harvard University Press.

Goldstein, H., 1998. Education for ethical dilemmas in social work practice. Families in Society, May-June, 241-253.

Hasenfeld, Y., 1985. Human service organizations. Englewood Cliffs, NJ: Prentice-Hall. 성규탁 역, 1997, 『사회복지행정조직론』, 박영사.

Hasenfeld, Y., 2009. Human services as complex organizations. [2nd Ed.] Thousand Oaks, CA: Sage.

Hashimoto, A., 2004. Culture, power, and the discourse of filial piety in Japan: The disempowerment of youth and its social consequences. (In) Filial Piety: (Ed.) C. Ikels. Stanford University Press.

Heady, K., 2002. Managing in a market environment, British Journal of Social Work 32(5), 527-540.

Hofstede, G., 2003. Cultural consequences: Comparing values, behaviors, institutions and organizations across nations (2nd Ed.). Thousand Oaks: Sage.

IAGG(International Association of Gerontology & Geriatrics), 2013. 23-27, 20th World Congress Proceedings, Seoul, Korea.

Jansson, B. S., 2013. Becoming effective policy advocate: Policy practice to social justice. New York: Brooks/Cole.

Kahn, A. J., 1979. Social policy and social services. 2nd Ed. New York: Random House.

Kim, U., Triandis, H. C., Kagichobasi, C., & Choi, S. C., 1994. Individualism and Collectivism: Theory, method, and application. Beverly-Hills, CA: Sage.

Lewis, R., 2005. Teaching gratitude in early years – When do kids get it? MN: Free Spirit Publishing.

Likert, R., 1987. New pattern of management. New York: McGraw Hill, Ch. 8.

Litwak, E., 1985. Theoretical base for practice. (In) Maintenance of family ties of long-term care patients, R. Dobroff & E. Litwak (Eds.). Washington, D.C.: Department of Health, Education and Welfare.

Lowenberg, F., & Dolgoff, R., 1985. Ethical decisions for social work practice. Itasca, IL: F. E. Peacock.

Maeda, D., 2004. Soietal filial piety has made traditional individual filial piety much less important in contemporary Japan, Geriatrics & Gerontology International, 4(1), s74-s76.

Mehr, J. J., & Kanwischer, R., 2004. Human services. [8th Ed.] Boston: Allyn & Bacon.

Myrdal, G., 1958. (260-261). Value in social theory, P. Streeten, (Ed.). New York, Harper.

NASW(National Association of Social Workers), 2010. Code of Ethics. Washington, D. C.

Ohliner, P. M., & Ohliner, S. P., 1995. Toward caring society. Westport, CT: Praeger.

Palmore, E. B., 1989. Ageism: Negative and Positive. New York: Springer.

Park, C. H. (朴鍾鴻), 1983. Historical review of Korean Confucianism, (In) Main currents of Korean thoughts, The Korean National Commission for UNESCO. Seoul: The Si-sa-yong-o-sa.

Pedersen, P. B., 1983. Asian personality theory. (In) R. J. Corsica & A. J. Marsella (Eds.), Personality Theories, Research, and Assessment. Itasca: Peacock.

Queresi, H., & Walker, A., 1989. The caring relationship: Elderly people and their families. New York: McMillan.

Rawls, J., 1971. A Theory of justice. Cambridge, MA: Harvard Univ. Press.

Rice, E. P., 1984. The adolescent: Development, relationship, and culture. Boston: Allyn & Bacon.

Rogers, C. R., 1961. On Becoming a person. Boston: Houghton Mifflin.

Rogers, C. R., 1977. Carl Rogers on personal power. New York: Delacorte.

Roland, A., 1989. In search of self in India and Japan: Toward cross-cultural psychology. Princeton University Press.

Rothman, J., 2014. The meaning of "Culture" (12-27). The New Yorker.

Ryan, M. J., 1999. Attitudes of Gratitudes. San Francisco: Conari.

Singh, J. P., 2020. Cultural values in political economy. Kindle.

Strahmer, H. M., 1985. Values, ethics, and aging. In Values, ethics, and aging, Losnoff-Caravaglia. (Ed.). 26-40. New York: Human Sciences Press.

Streib, G. F., 1987. Old age in sociocultural context: China and the United States. Journal of Aging Studies 7, 95-112.

Sung, K. T. (성규탁), & Dunkle, R. E., 2009. How social workers demonstrate respect for elderly clients. Journal of Gerontological Social Work 53, 250-260.

Sung, K. T. (성규탁), & Hagiwara, S. (萩原俊), 2005. Japanese young adults and elder respect: Exploration of forms and expressions, Graduate School of Social Well-being Studies, Hosei University, Japan.

Titmuss, R. M., 1976. Commitment to welfare. London: Harpers Collins.

Towle, C., 1965. Common human needs. New York: National Association of Social Workers.

Triandis, H. C., 1994. Culture and social behavior. New York: Trafalger Publishing.

Triandis, H. C., 1995. Individualism and collectivism. Westview Press.

Tu, W. M. (杜維明), 1995. Humanity as embodied love: Exploring filial piety in a global ethical perspectives. (In) Filial piety and future society. Gyonggido, South Korea: The Academy of Korean Studies.

Wenger, G. C., 2002. Using network variation in practice: Identification of support network type. Health and Social Care in the Community 10, 28-35.

Yang, O. K. (양옥경), 2011. Changes in the social support system, (In) Advancing social welfare of Korea: Challenges and approaches. Seoul: Jimoondang,

Yeh, K-H, Yi, C-C, Tsao, W-C, & Wan, P-S, Filial piety in contemporary Chinese societies: A comparative study of Taiwan, Hong Kong, and China, International Sociology 28(3), 277-296.

성규탁(成圭鐸)

서울대학교 문리과대학 & 대학원 졸업
University of Michigan 사회사업대학원 졸업(MSW)
University of Michigan 대학원 졸업(Ph.D.)
(전) University of Wisconsin-Madison 사회사업대학원 교수
연세대학교 사회복지학과(창립 시) 학과장
연세대학교 사회복지연구소(창립 시) 소장
University of Chicago Fellow(선경최종현학술원지원)
한국사회복지학회장, 한국노년학회장
<연세대학교 은퇴>
Michigan State University 사회사업대학원 전임교수
University of Southern California 사회사업대학원 석좌교수
        (Frances Wu Endowed Chair Professor)
University of Michigan 사회사업대학원 초빙교수
<귀국>
리더십한림원[www.lhgln.com] 효문화연구소 대표
한국사회복지사협회원로회 명예회장
사회복지교육실천포럼 대표
한국노년학회 고문
서울중화노인복지관 운영위원장
서울강남시니어클럽(노인일자리마련기관) 운영위원장

저서(국문): 효 관련
『새 時代의 孝』(연세대학교출판부) (연세대학술상 수상) 1995
『새 시대의 효 Ⅰ』(문음사) (아산재단아산효행상 수상) 1996
『새 시대의 효 Ⅱ』(문음사) (문화공보부추천도서) 1996
『새 시대의 효 Ⅲ』(문음사) 1996
『현대 한국인의 효』(집문당) (대한민국학술원선정 우수도서) 2005
『한국인의 효 Ⅰ』(한국학술정보) 2010
『한국인의 효 Ⅱ』(한국학술정보) 2010
『한국인의 효 Ⅲ』(한국학술정보) 2010
『한국인의 효 Ⅳ』(한국학술정보) 2010
『한국인의 효 Ⅴ』(한국학술정보) 2010
『어른을 존중하는 중국, 일본, 한국 사람들』(한국학술정보) 2011
『어떻게 섬길까: 동아시아인의 에티켓』(한국학술정보) 2012

『한국인의 서로돌봄: 사랑과 섬김의 실천』(한국학술정보) 2013
『부모님, 선생님 "고맙습니다"로 시작하는 효』(한국학술정보) 2013
『한국인의 세대 간 서로돌봄: 전통-변천-복지』(집문당) 2014
『한국인의 효에 대한 사회조사』(집문당) 2015
『효행에 관한 조사연구』(집문당) 2016
『효, 사회복지의 기틀: 퇴계의 가르침』(문음사) 2017
『부모님을 위한 돌봄』(한국학술정보) 2019
『한국인의 어른에 대한 올바른 존중』(한국학술정보) 2019
『현대한국인의 노후돌봄』(한국학술정보) 2020
『부모님에 대한 감사』(한국학술정보) 2021
『새 시대 한국인의 효』(한국학술정보) 2021
『한국인의 부모와 고령자에 대한 존경』(한국학술정보) 2022

저서(국문): 사회복지 관련
『사회복지행정론』(법문사)
『사회복지행정론』(역서) (한국사회개발연구원)
『사회복지조직론』(역서) (박영사)
『사회복지사업관리론』(역서) (법문사)
『산업복지론』(박영사)
『정책평가』(법영사)
『사회복지임상조사방법론』(법문사)
『사회복지실천평가론』(법문사)
『한국사회복지조직의 성장과 과제』(한국학술정보) (대한민국학술원선정 우수도서)
『사회복지시설의 바람직한 관리』(한국학술정보)
『효: 사회복지의 기틀』(문음사)

저서(영문)
Care and respect for the elderly in Korea: Filial piety in modern times in East Asia. Seoul: Jimoondang, 2005.
Respect and care for the elderly: The East Asian way. Lanham, MD: University Press of America, 2007.
Respect for the elderly: Implications for human service providers. Lanham, MD: University Press of America, 2009.
Advancing social welfare of Korea: Challenges and approaches. Seoul: Jimoondang, 2011.
The Organizational Effectiveness of Family Planning Clinics. Ann Arbor, MI: The University of Michigan School of Social Work, 1974.
Evolving social welfare of Korea: Issues and approaches [In press].

논문(국내)

사회복지학회지, 연세사회복지연구, 사회복지, 한국정신문화연구원논총, 한림과
학원총서, 승곡논총, 한국노년학, 노인복지정책연구총서 등에 발표

논문(외국)

Journal of Social Service Research, Administration in Social Work,
International Social Work, Society and Welfare, Social Indicators Research,
Journal of Family Issues, Journal of Applied Social Sciences, Journal of
Poverty, The Gerontologist, Journal of Aging Studies, International Journal of
Aging & Human Development. Journal of Gerontological Social Work, Journal
of Elder Abuse & Neglect, Journal of Cross-Cultural Gerontology, Journal of
Aging & Social Policy, Educational Gerontology, Ageing International, Journal
of Aging and Identity, Journal of Aging, Humanities, and the Arts, Journal of
Religious Gerontology, Hong Kong Journal of Gerontology, Australian Journal
on Ageing, The Southwest Journal of Aging, Journal of East and West Studies,
International Journal of Social Research & Practice, Public Health Reports,
Public Health Reviews, Health and Social Work, Studies in Family Planning,
Children and Youth Service Review, Child Care Quarterly, Child Welfare 등에
발표

한국인의 노인복지를 위한
가족효와 사회효의 연계

초판인쇄　2022년 11월 27일
초판발행　2022년 11월 27일

지은이　성규탁
펴낸이　채종준
펴낸곳　한국학술정보㈜
주　소　경기도 파주시 회동길 230(문발동)
전　화　031) 908-3181(대표)
팩　스　031) 908-3189
홈페이지　http://ebook.kstudy.com
E-mail　출판사업부 publish@kstudy.com
등　록　제일산-115호(2000. 6. 19)

ISBN　979-11-6801-970-6　93330